De verborgen kracht

Andere titels van
Walter en Ingrid Trobisch:

De man, een onbegrepen wezen - 4e druk
Er zijn er geen twee hetzelfde - 1e druk
Ik wilde dat ik kon vliegen - 1e druk
Ik ben met jou getrouwd - 7e druk
Ik had een meisje lief - 24e druk
Je moet alleen verder - 3e druk
Leen mij je ogen - 9e druk
Liefde als gave en opdracht - 3e druk
Liefde moet je leren - 8e druk
Met vreugde vrouw zijn - 10e druk
Mijn hart blijft onbevredigd - 4e druk

INGRID TROBISCH

De verborgen kracht

Geworteld zijn in de zekerheid van Gods liefde

Tweede druk

Kok Voorhoeve - Kampen

CIP-GEGEVENS KONINKLIJKE BIBLIOTHEEK, DEN HAAG

Trobisch, Ingrid

De verborgen kracht. Geworteld zijn in de zekerheid van Gods liefde / Ingrid Trobisch; [vert. uit het Engels door Aafje Beijer]. - Kampen: Kok Voorhoeve
Vert. van: The Hidden Strength. Rooted in the Security of God's Love. - San Bernardino, CA: Here's Life, 1988. -
Met lit. opg.
ISBN 90-297-0943-X
SISO 254   UDC 248   NUGI 635
Trefw.: geloofsleven.

Oorspronkelijke titel: *The Hidden Strength*. Rooted in the Security of God's Love

Ned. vertaling: Aafje Beijer
Omslag: Rob Lucas
NUGI 635
ISBN 90 297 0943 x

Ik ben kortgeleden teruggekeerd van een familiereünie in ons vroegere huis op de Lichtenberg in Oostenrijk. Mijn oudste zoon Daniël, zijn vrouw Betty en hun drie zoontjes, Michael, Andrew en Peter, wonen daar nu. Het motto dat we voor onze reünie hadden gekozen, ,,Onze liefde voor elkaar beschermt ons als een boom", hadden we ontleend aan een poster die door een twaalfjarig kind in de Amerikaanse Lutherse Kerk was getekend.

Bovenstaande schets heb ik uit een van mijn dagboeken gehaald. Ik maakte die ooit nadat ik mijn kleindochter Virginia over een dergelijke boom had voorgelezen. Zij was toen vijf jaar. Zij zat bij mij op schoot en hielp mij bij het tekenen - ze tekende de bladeren en kleurde die op haar manier. Zij signeerde zelfs het resultaat, zoals u kunt zien.

Inhoudsopgave

Woord vooraf

Aan mijn moeder Gertrude Jacobson Hult, die mij door haar verborgen kracht altijd weer versteld deed staan

Dit boek gaat over *Geborgenheit* (geborgenheid) en hoe ik die vond. Volgens het woordenboek betekent dit zelfstandige naamwoord „een toestand van geborgen zijn" en de werkwoordsvorm *Geborgen sein* (geborgen zijn), betekent „bezorgd zijn; voor de toekomst zijn brood niet hoeven vrezen", terwijl *zich geborgen voelen* betekent: beschut, veilig zijn voor hetgeen kan dreigen.

Ik heb het fijne, oude huis waarin ik woon *Haus der Geborgenheit* gedoopt. Dat is een toepasselijke naam, want, naar men mij verteld heeft, zijn de stenen waarvan dit huis is opgetrokken, miljoenen jaren oud. Het is voor mij een veelbetekenend symbool voor de zekerheid dat ik „onder het dak" van de liefde van mijn hemelse Vader vertoef en voor de kracht die komt als je onder die beschutting volkomen buiten gevaar bent.

In de afgelopen dertig jaar heb ik drie flinke boeken geschreven. Het eerste, *On Our Way Rejoycing* (met vreugde onderweg)[1], was het verhaal over mijn ouders en de visie die zij op hun kinderen hebben overgedragen. Deze visie voerde ons letterlijk over de aardbol. Het tweede boek schreef ik voor mannen en had als titel *The Joy of Being a Woman ... and What a Man Can Do* (Ned. vertaling: „Met vreugde vrouw zijn", Kok Voorhoeve, Kampen; 9e druk, 1989[2]). Het derde was *Learning to Walk Alone* (Ned. vertaling: „Je moet alleen verder", J. H. Kok, Kampen; 2e druk, 1987[3]).

Alle drie de boeken zijn de vrucht van persoonlijke ervaring. Zij vroegen erom te worden geschreven. Dat zelfde geldt voor dit boek *De verborgen kracht*. Een redacteur zei eens tegen mij: ,,Je hebt alleen een excuus om te schrijven als je iets te zeggen hebt dat nog niet eerder werd gezegd." Het thema van dit boek is *geborgenheid* en hoe ik daaruit de kracht putte voor de moeilijke momenten en stormen van het leven. Mijn gebed is dat het u zal leiden tot Degene die ons ,,een toevlucht en sterkte" is (Psalm 46:1).

Ingrid Trobisch

HOOFDSTUK 1

Op zoek naar onze wortels

Waar we onze ware krachtbron kunnen vinden

Hebt u ooit een vriend, een van uw ouders of grootouders goed bekeken en u afgevraagd: *Wat geeft die persoon in tijden van crisis, strijd of beproeving zo'n geweldige kracht? Waar komt die verborgen kracht vandaan?*

Ik zal nooit de reactie van mijn moeder vergeten toen ik haar opbelde om haar te vertellen dat mijn vader plotseling in Tanzania (Afrika) was overleden. Ik zat in de hoogste klas van de Luther Academy, een middelbare school in Wahoo, Nebraska (V.S.), terwijl mijn moeder bij mijn jongere broertjes en zusjes in Springfield in de Amerikaanse staat Missouri was. De Tweede Wereldoorlog was op z'n hevigst - mijn vader was alleen teruggegaan naar Afrika en had zijn gezin achtergelaten. Ik moest nu het moeilijkste telefoongesprek van mijn leven voeren en mijn moeder het nieuws van zijn overlijden vertellen. Zij nam de telefoon op en begroette mij heel opgewekt, zoals ik altijd van haar gewend was.

,,Moeder," zei ik, ,,ik heb je iets ergs te vertellen. Kun je het aan?"

,,Ja, Ingrid," zei ze langzaam. ,,Zeg het maar."

Ik las haar het telegram voor uit Dar es Salaam dat bij het kantoor van de zending was binnengekomen. Mijn vader was op 18 maart 1943 na een hartstilstand als gevolg van malaria gestorven.

Er volgde een lange stilte. Toen vroeg moeder mij met een normale, kalme stem: „Hoe is het met jou, Ingrid? En met oma? Hoe is zij onder het nieuws van de dood van haar oudste zoon?”

Toen ik mijn moeder probeerde te troosten, zei ze eenvoudigweg: „De toekomst is niet donker, Ingrid. Tot nu toe heeft de Here ons geholpen. Dat zal Hij blijven doen.”

Iedereen verbaasde zich over haar kracht. Later vertelde zij ons dat op die zwarte dag mijn jongere broertje Carl de mazelen had gekregen en dat de andere kinderen ook tekenen van mazelen begonnen te vertonen. In het kippenhok waren tweehonderd kleine kuikentjes te verzorgen. Ze had gewoon geen tijd om uitgebreid te treuren. Het verwonderde mij niet. Mijn hele leven lang had ik gezien hoe moeder de stormen van het leven weerstond; ik wist dat ze over verborgen kracht beschikte.

De boom van Psalm 1

Een van de vroegste herinneringen aan mijn vader is, dat hij mij zijn kleine, bruine, leren Nieuwe Testament in het Zweeds liet zien. Mijn grootvader had het hem in 1906 gegeven, toen mijn vader als jongen van achttien jaar voor het eerst het ouderlijk huis verliet en verruilde voor het internaat van de Luther Academy. Onder de opdracht en de datum had mijn grootvader het volgende geschreven:

> De Eerste Psalm
> Welzalig is de man
> die niet wandelt in de raad der goddelozen,
> die niet staat op de weg der zondaars,
> noch zit in de kring der spotters;
> maar aan des Heren wet zijn welgevallen heeft,
> en diens wet overpeinst bij dag en bij nacht.
> Want hij is *als een boom*, geplant aan waterstromen,

die zijn vrucht geeft op zijn tijd,
welks loof niet verwelkt.
(Psalm 1:1-3; cursivering toegevoegd)

Meer dan zeventig jaar later hadden Walter en ik in ons huisje in de Oostenrijkse Alpen samen onze laatste stille ogenblikken en mediteerden we over dit gedeelte van deze zelfde psalm:

[De rechtvaardige] is *als een boom*, geplant aan waterstromen,
die zijn vrucht geeft op zijn tijd,
welks loof niet verwelkt -
al wat hij onderneemt gelukt (vers 3)

Walter schreef daarop deze woorden in zijn notitieboekje, waarin hij gewoonlijk gedachten die op stille momenten bij hem opkwamen, noteerde. Hij liet me ze zien:

Een boom rust.
Een boom staat stevig.
Een boom drinkt met zijn diepe wortels.
Een boom geeft steun, geeft Geborgenheit *- onderdak, warmte, veiligheid.*
Een boom draagt vrucht.
Een boom heeft geen haast.
Een boom wacht op het juiste moment.

Bomen en Geborgenheit

Bomen en hun schaduwen zijn voor mij altijd een symbool van *Geborgenheit* - een plaats van veiligheid en zekerheid - geweest. Wanneer in mijn kinderjaren mijn wereldje ineen scheen te storten, rende ik altijd ons volle, kleine huisje in de Ozarks uit, naar buiten toe, om mijn gezicht te verbergen tegen de ruwe bast van „mijn" eikeboom. Ik omhelsde de boom net zolang totdat ik me weer beter voelde. Soms klom ik in mijn schuilplaats: de dichte takken hoog in de esdoorn, waar ik eventjes „boven" de wereld kon vertoeven.

Bomen hebben tal van redenen van bestaan. Ze waren er eerder dan de mens, maar ze werden voor de mens gemaakt. Ze bieden een woonplaats aan eekhoorns, insekten en vogels. Hun schaduw zorgt ervoor dat mensen koelte kunnen vinden. Ze zetten kooldioxyde om in zuurstof. Men heeft bomen wel „Gods gedachten" genoemd, waarin niet alleen de geest van de Schepper, maar ook de magnetische schoonheid van het moment van de schepping tot uitdrukking wordt gebracht. Een van de eerste gedichten die ik op school uit het hoofd leerde, was getiteld *Bomen* en was geschreven door Joyce Kilmer.

Een gedicht zo mooi als een boom
zal ik denk ik nooit ontdekken.

Een boom, zijn hongerige mond geperst
Tegen de zoete voedselstroom;

Een boom die naar de hemel kijkt,
zijn bladerarmen in gebed geheven;

Een boom met zomers in zijn kruin
een roodborstenpaar op hun nest;

Die sneeuw van nabij gekend heeft
en ook intiem met de regen leeft.

Dwazen als ik maken gedichtjes
Maar bomen - die maakt God alleen.[1]

Diepe wortels om stormen te doorstaan

Om zoveel dingen te kunnen zijn en te kunnen doen, heeft een boom diepe wortels nodig. Alleen met diepe wortels kan een boom in de lengte groeien, sterk worden en stormen doorstaan. Ik heb ergens gehoord dat, wil een boom kunnen overleven en gezond blijven, de wortels even diep in de grond moeten zitten als de boom hoog is. De grootste bomen staan bij stromen of rivieren of in de gebieden met regenwouden. Als ik zo'n woudreus zie, ben ik diep onder de indruk en bid ik een gebed dat ik jaren geleden voor het eerst hoorde: „O, Heer van alle leven, geef regen aan mijn wortels."

Een boom laat ons zien hoe we stormen in ons leven kunnen overleven. Zowel voor bomen als voor mensen zijn diepe wortels van vitaal belang voor gezondheid en groei. Ze geven stabiliteit om die stormen te overleven.

Deze bomen kunnen zelfs een bosbrand overleven. Een van mijn vrienden, die in de Ozarks een stukje bos met eiken bezit vlak bij de grens met de staat Arkansas, maakte zich grote zorgen bij het bericht dat er een bosbrand in die streek woedde. Hij betreurde het verlies van zijn bomen al. Tot zijn verbazing bleek echter, toen hij na de brand op onderzoek uitging, dat alleen de zieke en dode bomen waren verbrand. De groeiende, gezonde bomen hadden geen schade opgelopen.

Een paar dagen daarna vond ik in mijn vaders bibliotheek een boek met de titel *Christian Growth* (christelijke groei), uitgegeven in 1885. Daarin werd een brand beschreven die in de enorme sequoiabossen in Californië had huisgehouden. Sommige woudreuzen waren verbrand, terwijl andere weliswaar geblakerd en verschroeid waren, maar niettemin gespaard waren gebleven. Toen bosarbeiders de bomen opruimden, ontdekten ze dat de bomen die aan het vuur ten prooi waren gevallen, van binnen al door ziekte waren aangetast. De schrijver zei: „Zo wordt ook echt geloof niet door het vuur van de beproeving vernietigd, maar slechts beproefd en versterkt." Vaak zijn gewone mensen door de rampzalige omstandigheden waarmee ze te maken kregen veranderd, door het vuur gelouterd.

Wij ontlenen onze kracht aan onze sterke wortels. In *Grapes of Wrath* („De druiven der gramschap") beschrijft John Steinbeck de hartverscheurende beslissing van een gezin dat op het punt staat hun huis in het stoffige Oklahoma achter zich te laten om migrantenarbeiders te worden. Met wanhopige stem zegt de vrouw tegen haar man: „Maar hoe weten onze kinderen straks wie ze zijn als ze niet weten waar ze vandaan komen?"

Mijn eigen wortels zijn verankerd in Afrikaanse bodem, waar ik werd geboren; in Zweden, het land van mijn voorouders; en in de Ozarks waar ik ben opgegroeid. Old Moshi, op de hellingen van de Kilimanjaro in Tanzania (Oost-Afrika), was mijn geboorteplaats. Mijn ouders behoorden daar tot de eerste zendelingen. „Jij bent op een van de mooiste plekjes op aarde geboren," vertelde mijn moeder mij. Mijn eerste wereldreis, samen met mijn ouders en twee oudere broers, begon toen ik drie weken oud was. Alsof het een scène was uit *Out of Africa,* reisden we vanuit het gebergte omlaag door de weelderige koffieplantages van de Chagga-stam, per trein naar Mombassa, de havenstad van Oost-Afrika, en vandaar per schip naar Zweden.

Toen ik vier jaar was, besefte mijn vader dat zijn droom, naar Afrika terug te keren, geen werkelijkheid kon worden en dus bracht hij zijn gezin naar de zacht glooiende heuvels van de Ozarks. Dat bleek een fijne omgeving om op te groeien. En zoals de schrijfster Willa Cather vaststelde: Waar een kind de tijd tussen zijn vierde en veertiende levensjaar doorbrengt, vindt het zijn wortels.

De familie van mijn ouders woonden op hun boerderijen met vruchtbare, zwarte aarde in Nebraska en Illinois. Als ze ons in Springfield in Missouri opzochten, keken ze uitgebreid naar de grond en zagen overal keien. „Wat kan hier in hemelsnaam groeien?" vroegen ze mijn vader.

„Bomen en kinderen," antwoordde hij zachtjes.

Om de geboorte van elk van mijn jongere broertjes en zusjes te markeren, plantte mijn vader steeds een boom. Hij plantte er ook een ter gelegenheid van de zeventigste verjaardag van zijn moeder. Deze bomen met hun steeds groter wordende schaduw zijn voor mij een symbool van mijn ouders en grootouders geworden. Hun wortels hebben mijn eigen wortels verstevigd. „Onze liefde voor elkaar beschermt ons als een boom."

Ook toen ik volwassen was geworden en tientallen jaren in Afrika en Europa woonde, bleef Springfield het geografisch middelpunt van mijn wereld. Ik vertaalde afstanden altijd in hoever ik verwijderd was van de mooiste stad van de Ozarks. Nu ik in mijn „rijpere volwassenheid" ben, moet ik eerlijk bekennen dat mijn wortels nog steeds daar zijn. Dat wil zeggen: als een pelgrim nog ergens wortels kan hebben. Hoewel de Bijbel ons voorhoudt dat we pelgrims zijn, zegt Paulus dat we „geworteld en dan opgebouwd" worden in Hem [Jezus Christus], „bevestigd wordend in het geloof" (Kolossenzen 2:7). Dat is de verborgen kracht van de pelgrim - onze *Geborgenheit*. We moeten geworteld zijn en opgebouwd worden in de persoon van Jezus Christus - veilig, zeker, onze kracht puttend uit Jezus, onze onwankelbare beschutting.

Het aanboren van uw verborgen kracht

Dit boek kan een persoonlijke ervaring worden als u de volgende vragen en de andere, die aan het einde van elk hoofdstuk volgen, overweegt. Denk er in alle rust over na en gebruik ze als aanknopingspunt voor studie en discussie, samen met anderen.

1. Beschrijf een gelegenheid waarbij iemand een ongelooflijke hoeveelheid verborgen kracht toonde, of waarbij u die bij uzelf opmerkte.

2. Hoe hebt u gewone mensen door rampzalige omstandigheden zien veranderen? Hoe heeft zo'n verandering in uw leven plaatsgehad, toen u in uw leven door een storm of een vuur ging?

3. Waar zijn uw wortels? Hoe kunt u een pelgrim zijn en toch wortels hebben?

HOOFDSTUK 2

Zijn wie je bent

Innerlijke zekerheid door zowel het mannelijke als het vrouwelijke in jezelf te aanvaarden

In mijn werkkamer hangt een poster van een klein, naakt meisje aan de vloedlijn van de oceaan. Zij heeft haar armen uitgestrekt alsof ze niet alleen zichzelf, maar de gehele wereld wil omarmen. Daaronder staan de woorden: „Ik wil niemand anders zijn!"

Kortgeleden vertelde een jonge echtgenote mij: „Ik weet dat ik vrouw ben. En ook al stemt me dat niet altijd blij, toch wil ik niet alleen de beperkingen, maar ook de voorrechten ervan aanvaarden." Weten wie we zijn - en ons veilig te voelen in ons man- of vrouw-zijn - is belangrijk. God schiep ons als mannen en vrouwen en ik geloof zeker dat het Hem veel plezier gaf toen Hij dat deed. „En God zag alles wat Hij gemaakt had, en zie, het was zeer goed" (Genesis 1:31). Met andere woorden: het was allemaal zoals Hij het bedoeld had; Hij stemde er volledig mee in. God gaf Zichzelf een schouderklopje, omdat Hij het eerste mensenpaar had gemaakt. Het was zijn opzet dat zij *samen* zijn beeld naar de wereld toe zouden weerspiegelen.

Echte bevrijding

Maar vandaag de dag willen vrouwen iets anders: ze willen „bevrijd" worden. En in de diepste betekenis van het woord moeten vrouwen ook inderdaad bevrijd worden. Zonder bevrijde, verloste mannen zijn er echter ook geen bevrijde, verloste vrouwen. Echt vrij-zijn kan pas ervaren worden als een vrouw eerlijk en open kan zeggen: „Ik ben blij dat ik een vrouw ben" of als een man kan zeggen: „Ik vind het fijn man te zijn."

Het punt waar het volgens mij vooral om gaat is, dat mannen en vrouwen zich onzeker voelen ten aanzien van hun diepste sekse-identiteit. Ze hebben het gevoel dat ze niet geaccepteerd zullen worden als ze iets van hun ware persoonlijkheidskenmerken zouden laten zien - kenmerken die gewoonlijk worden beschouwd als behorend tot het andere geslacht, of die vaak door het andere geslacht geringschattend worden beoordeeld. Ze voelen zich bedreigd en ontkennen of verdringen daardoor die eigenschappen. Ze staan zichzelf niet toe hun ware gevoelens te uiten met als resultaat dat ze niet weten wie ze in wezen zijn.

Een jongen die door zijn vader nooit in zijn man-zijn is bevestigd, heeft vaak te weinig eigenwaarde. Aangezien hij zichzelf niet kan accepteren, weet hij niet wat een echte man is. Een echte man is niet slechts iemand die zijn mannelijkheid herkent en aanvaardt, maar die ook zijn „vrouwelijke" trekken, zoals gevoeligheid, inlevingsvermogen en het verlangen zijn gevoelens te uiten, herkent en ontwikkelt. Pas wanneer hij dat doet, zal hij een vrouw echt kunnen begrijpen. Alleen dan kan hij de evenwichtige en goede echtgenoot, vader en leider worden waartoe God hem heeft geroepen. (Zie voor een meer gedetailleerde behandeling van dit onderwerp: *De man, een onbegrepen wezen*, door Walter Trobisch; uitgave J.H. Kok, Kampen, 3e druk 1988).[1]

Ook een meisje heeft de kracht nodig die het resultaat is van een vroegtijdige bevestiging. Wij kennen allemaal het sprookje van Doornroosje en hoe ze door de prins weer tot leven werd gewekt. Dat is een prachtig beeld van de mogelijkheden die een vader heeft om de schoonheid en de voorrechten van het vrouw-zijn in zijn dochter te bevestigen.

Mijn vader deed dat voor mij. Ik kan me niet herinneren dat hij mij ooit bewust heeft gekleineerd. Hij nam mij en mijn ontwikkeling als vrouw heel serieus.

Ik was nog geen tien jaar oud toen hij, op een gezellige, winterse zondagnamiddag, het onderwerp van de zondagsschool besprak. Het ging over Jezus' moeder, Maria, en hoe ze een kind zou krijgen zonder dat ze met een man gemeenschap had gehad. Naar aanleiding daarvan deed hij me de „feiten van het leven" uit de doeken. Vader zei me dat ik moest beginnen te bidden voor degene die eens mijn man zou zijn. Ik volgde zijn raad op.

Een symbool van onze hemelse Vader

Mijn band met mijn aardse vader was zó, dat ik graag bij hem op schoot zat. Nadat hij zo jong was gestorven, was het voor mij maar een klein stapje een innige band met mijn hemelse Vader aan te gaan en me volledig en onvoorwaardelijk in zijn liefde te koesteren.

Meestal is de vader de eerste man die een meisje kent. Onbewust zal ze aan God denken zoals ze aan haar vader denkt. Als ze een warme, liefdevolle en zorgzame vader had, valt het haar veel gemakkelijker om een warme en liefdevolle band met haar hemelse Vader te hebben. Als ze zonder vader opgroeide, of met een kille, altijd mopperende vader, is haar beeld van de hemelse Vader onduidelijk en verwrongen. Datzelfde geldt voor haar houding tot mannen in het algemeen en bovenal voor haar huwelijksrelatie.

Zeg „ja" tegen je sekse

Wat een verschil tussen mannen zoals mijn vader, die zo'n duidelijkheid uitstraalde, en zoveel mannen in onze hedendaagse, gebroken wereld. Om onze sekse-identiteit in ons leven tot uitdrukking te brengen, dat essentiële deel van je diepste wezen en persoonlijkheid dat God schiep, hebben we voorbeelden om ons heen nodig die ons een steuntje in de rug kunnen geven. Omdat deze voorbeelden er zo vaak niet zijn, zien we momenteel een grote crisis in sekse-identiteit.

Leanne Payne heeft een aantal bemoedigende boeken over dit onderwerp geschreven, onder andere *The Broken Image* (het gebroken beeld) en *Crisis in Masculinity* (crisis in mannelijkheid). Zij zegt dat een vrouw pas volledig vrouw is als niet alleen haar vrouw-zijn bevestigd wordt, maar ook het mannelijke in haar - zelfvertrouwen, onafhankelijkheid, kracht - wordt herkend, in evenwicht wordt gehouden en, waar nodig, wordt versterkt. Ik begon te begrijpen wat deze schrijfster bedoelt toen een christelijke, vrouwelijke arts mij onlangs raad gaf. „Ingrid," zei zij, „geef jezelf de ruimte om sterk en creatief te zijn, plannen te maken, het juiste woord op het juiste ogenblik te zeggen, logisch te denken en anderen de weg te wijzen. God heeft je die roeping gegeven. Je hebt 'ja' gezegd tegen het vrouwelijke in je. Leer nu 'ja' te zeggen tegen die aardige, maar tegelijk sterke, Daniël in je hart."

Leanne Payne legt uit dat, naarmate mannen het vermogen zijn kwijtgeraakt om hun dochters op het juiste moment aan te raken en hen in hun vrouw-zijn te bevestigen, incest steeds vaker voorkomt. „Mannen bevestigen het mannelijke en het vrouwelijke in hun zonen en dochters, of ontkennen dit, als ze het niet kunnen of willen bevestigen."[2]

„Als mannen 'genezen', volgt de 'genezing' van de vrouwen vanzelf. Het is de vader (of iemand die deze rol overneemt) die zonen en dochters in hun sekse-identiteit en - omdat sekse-identiteit zo'n vitaal deel van de persoonlijkheid is - in hun mens-zijn bevestigt."[3]

Een christin, die als sociaal-wetenschapper aan een universiteit werkzaam is, schreef mij onlangs een brief, nadat ze een aantal Trobisch-boeken had gelezen. Haar proefschrift liet zien hoe gedragspatronen die met de sekse samenhangen, zowel mannen als vrouwen kunnen schaden. Zij schreef:

Het is nu dertien jaar geleden dat ik christen werd. Ik sta erover verbaasd hoe ondervertegenwoordigd de mannen zijn in de christelijke gemeenschap. Bovendien hebben christelijke mannen, zoals alle mannen altijd hebben gedaan, vrouwen een heleboel pijn bezorgd. Ik heb dit systematisch geobserveerd, ook door middel van een diepere studie van bepaalde groepen, en ben tot de conclusie gekomen dat er iets heel erg mis is... Ik zou de kerkelijke leiders attent willen maken op de spanning en ontevredenheid die in de kerk broeit tussen mannen en vrouwen... Ik voel een intense zorg voor de kerk (vooral in New York, waar ik woon). De relaties tussen mannen en vrouwen zijn erg gespannen. U zou geschokt zijn als u de woede van de christen-vrouwen zou horen. Ik ben geen struisvogel; ik geloof dat de problemen tussen mannen en vrouwen in alle openheid, via gebed, visie en politieke maatregelen, moeten worden opgelost. Maar voordat problemen kunnen worden opgelost, moet hun bestaan worden toegegeven.

Mijn briefschrijfster vervolgde:

Uw levensgeschiedenis en het werk en de manier van leven van uw gezin zijn verbazingwekkend. Maar de zorgzame liefde die u en uw man deelden, maakt op mij nog de meeste indruk. Zoiets is zeldzaam, zelfs onder christelijke echtparen.

Ik was verbaasd over wat zij over ons huwelijk schreef en moest denken aan de onenigheden die Walter en ik dikwijls hadden en aan de emotionele energie die het ons had gekost om ons kleine boompje dat we op onze trouwdag hadden geplant, water te geven en te verzorgen. We hadden gezien hoe het, ondanks alles, groeide en vrucht droeg. Er viel veel te snoeien, er was heel wat pijn en we hadden een aantal crises te overwinnen. Zonder die verborgen kracht van geworteld te zijn in de zekerheid van Gods liefde, hadden we het niet gehaald.

Het aanboren van uw verborgen kracht

1. Wat vindt u van uw sekse? Hoe werd u in uw sekse-identiteit door uw vader bevestigd? En door uw moeder? Door anderen? Welke invloed had dit op hoe u zich nu voelt?

2. Waarom zijn sommige christen-vrouwen zo boos op de mannen?

3. Hoe kunnen we dit patroon veranderen? Is in uw eigen leven verandering nodig? Zo ja, hoe kunt u die verandering tot stand brengen?

HOOFDSTUK 3

Leren alleen te staan

Het drievoudige geheim
van de verborgen kracht
voor de alleenstaande

Zelfvertrouwen is een vereiste om als alleenstaande volwassene te kunnen leven.

Hoeveel mensen kent u die zelfvertrouwen uitstralen?

Is er iets mooiers dan een vrouw die vertrouwen uitstraalt?

Mijn grootmoeder was zo'n vrouw met een onuitgesproken vertrouwen. Ik ben blij dat ik de kans had haar goed te leren kennen in de periode dat ik tot jong-volwassene opgroeide. Zij werd één van mijn voorbeelden.

Vertrouwen ontstaat uit onze verborgen kracht en sterkt deze tegelijkertijd. ,,In stilheid en vertrouwen zal uw sterkte zijn" (Jesaja 30:15). Toen ik dertien jaar was, had ik een onvergetelijke ervaring van gebedsverhoring, waardoor ik leerde mijn vertrouwen op de hemelse Vader te stellen.

In mijn hart wilde ik graag naar de Luther Academy High School in Wahoo (Nebraska, V.S.), de middelbare school waarop ook mijn vader had gezeten. Het was de school die mijn grootouders, Zweedse immigranten, hadden helpen bouwen. Mijn grootmoeder woonde er nog steeds in de buurt en ik had dus de kans het schoolterrein te bezoeken. Toen ik mijn ouders vertelde dat ik naar de Luther Academy wilde, zeiden ze me dat daar vanwege de kosten geen sprake van kon zijn. De school was zo'n 600 kilometer van waar wij woonden verwijderd en aangezien het een particuliere school was, moest ook schoolgeld worden betaald. Ik zou naar dezelfde middelbare school in Springfield moeten, waarop ook mijn oudere broers zaten.

Teleurgesteld door hun antwoord, maar nog niet bereid het idee op te geven, ging ik elke avond na het eten naar mijn geheime boom. Met mijn hoofd stijf tegen de bast van de sterke eik gedrukt, sloot ik mijn ogen en vroeg ik mijn hemelse Vader om toch alstublieft de belofte na te komen die ik in Marcus 11:24 had gevonden: „Daarom zeg Ik u, al wat gij bidt en begeert, gelooft, dat gij het hebt ontvangen, en het zal geschieden."

Verschillende weken gingen voorbij. Niets wees erop dat mijn gebed zou worden verhoord. Als ik niet bezig was mijn moeder ergens mee te helpen, legde ik mijn jurken uit en pakte die vervolgens in met mijn andere bezittingen in kartonnen dozen onder mijn bed.

De eerste schooldag brak aan. Er gebeurde niets. Ik bleef bidden en hopen. Toen kwam de middagpost. Ik keek toe, terwijl mijn vader de post uitzocht. Hij hield een brief omhoog van mijn oom, een zakenman uit Wahoo. Vader glimlachte toen hij hem voorlas: „Zou je willen overwegen om Ingrid bij haar grootmoeder te laten wonen? Die moet eigenlijk niet meer alleen zijn. Ingrid zou dan naar de Luther Academy kunnen gaan..." Hij sloot zelfs geld in voor de reis.

Diezelfde middag nog gingen mijn vader en ik in de oude gezins-Chevrolet op stap. Hij reed de gehele nacht door; de volgende ochtend arriveerden we in Wahoo, waar ik me meteen als leerling liet inschrijven. Ik kreeg vrijstelling van het betalen van schoolgeld en in het gezellige huisje van mijn oma had ik het gevoel van een „beschut plekje", van de *Geborgenheit* waarnaar ik verlangde. Ik genoot bovenal van de tijd die ik met mijn grootmoeder doorbracht. We waren heel erg aan elkaar verknocht. Ik bewonderde haar verborgen kracht! Op 43-jarige leeftijd was zij weduwe geworden, met de taak om acht kinderen, in leeftijd variërend van 2 tot 19 jaar, groot te brengen.

Jaren later vroeg men mij een hoofdstuk te schrijven voor het boek *Bright Legacy* (lichtende erfenis)[1] over wie mijn meest inspirerende voorbeeld was geweest. Ik moest uitleggen welke vrouw mijn leven het meest had beïnvloed. Ik koos mijn grootmoeder, Johanna Mathilda, die voor mij de vrouw uit Spreuken 31:25,26 personifieerde:

> Kracht en luister is haar gewaad,
> De komende dag lacht zij toe.
> Met wijsheid opent zij haar mond,
> vriendelijke onderwijzing ligt op haar tong.

De verborgen kracht waarover mijn grootmoeder beschikte, deed me aan Zweeds staal denken, dat, naar men zegt, dank zij de kwaliteit van het erts dat ervoor werd gebruikt, een enorme druk kan weerstaan. Mijn grootmoeder had haar weg alleen moeten gaan, maar ze had dat gedaan met „kracht en luister". Wij deelden in de diepe vreugde van bij elkaar te horen en elkaar te begrijpen - het gevolg van zowel onze familieband als van geestelijke verbondenheid.

Ware opvoeding

Eindelijk werd ik volwassen en leerde ik op eigen benen staan. Daarbij was ik veel dank verschuldigd aan mijn leraars en andere stafleden van de christelijke school die ik had bezocht. Een van hen schreef in het jaarboek van de school over het doel van ware opvoeding:

> Elke leraar is in staat om de watervaten in de klas vóór hem te vullen, maar alleen de Meester kan het water in

wijn veranderen... Pas als de waarheid die we proberen te onderrichten deel wordt van de warme, rijke stroom van de ervaring van de scholier, kunnen we echt zeggen dat de christelijke opvoeding zijn doel heeft bereikt. Ons doel op deze school is het leven rijk en vol te maken en niet slechts om de hersens te bereiken en het intellect te vormen.

Een Chinees spreekwoord zegt: ,,Wie voor één jaar plant, plant rijst. Wie voor tien jaar plant, plant een boom. Wie voor honderd jaar plant, voedt op."

Een drieledig geheim

Ik hoorde Simone de Beauvoir, een vooraanstaand Frans schrijfster, zeggen, dat elke vrouw zichzelf moet vergeten en zich aan anderen moet geven. ,,Maar," vroeg zij, ,,hoe kan zij dat doen, als zij niet weet wie zij is? Sommige vrouwen komen nooit zover dat zij zichzelf kennen en daarom hebben zij anderen zo weinig te bieden."

De tijd als jong-volwassene is met recht de periode om te ontdekken wie we zijn en te leren onszelf te zijn. Wij zijn allemaal, stuk voor stuk, schepselen van God. In het televisieprogramma *Upstairs - Downstairs* hoorde ik hoe Hudson, de Engelse butler, Edward, een ander personeelslid, feliciteerde met de monumentale beslissing die hij had genomen. Hudson zei: ,,Dat is onderdeel van je-zelf zijn. Doen wat goed voor je is."

Het geheim om dit stille vertrouwen en deze verborgen kracht te ervaren is drieledig. We moeten weten - en voelen - 1. dat we ergens *bij horen*; 2. dat we de moeite *waard* zijn; en 3. dat we wat *kunnen*. Alleen dan zullen we een gevoel van identiteit bezitten en weten wie we zijn.

Ergens bij horen

We moeten ergens *bij horen*. Ik heb het steeds als iets geweldigs ervaren niet alleen te weten dat er een aardse familie is die van mij houdt, maar ook te behoren tot Gods gezin.

Na mijn eerste jaar op college had ik, achttien jaar oud, een diepe geloofservaring. Mijn zelf-rechtvaardigende godsdienstige vernisje bladderde af. Ik was aan het einde van mijn eigen kunnen, maar dat *einde* werd in werkelijkheid een nieuw begin. Als in een plotselinge lichtflits ervoer ik wat Paulus bedoelde, toen hij aan de Korintiërs schreef: „Zo is dan wie in Christus is een nieuwe schepping; het oude is voorbijgegaan, zie, het nieuwe is gekomen!" (2 Korintiërs 5:17). Voortaan behoorde ik echt helemaal bij Gods familie.

De moeite waard zijn

Hoe gebeurde dat? Ik vergat al mijn eigen pogingen om het goede te doen en vroeg Jezus eenvoudigweg om mij te kleden met het kleed van zijn gerechtigheid. Het was als in de gelijkenis van het bruiloftskleed die Jezus zijn discipelen in Matteüs 22 vertelde. Iedereen was uitgenodigd om de bruiloft van de zoon van de koning bij te wonen. De voorwaarde was slechts dat elke gast het bruiloftskleed zou dragen dat de koning, de organisator van het feest, aanbood. Een van de gasten weigerde dat. Hij vond zijn fraaie mantel veel mooier dan het eenvoudige kledingstuk dat hem werd aangeboden. Hij werd uit de bruiloftszaal verwijderd, verbannen.

De gehele zomer werkte de Heilige Geest aan mijn hart, maar ik vocht tegen het ogenblik van absolute overgave. Nooit zal ik de wandeling vergeten in de donkere bossen van Noord-Minnesota, waar ik in een jeugdkamp meehielp als begeleidster. Ik was moe van de innerlijke strijd, van mijn pogingen om mijzelf de moeite waard te tonen, om mij „altijd te laten leren, zonder ooit tot erkentenis der waarheid te komen" (2 Timoteüs 3:7). En eindelijk gaf ik mijn eigen vuile kleed op in ruil voor het zijne. Wat een opluchting! Nu was ik ook *waardig*, niet vanwege iets dat ik zelf had gedaan, maar dank zij zijn gerechtigheid. Met de blinde man in Johannes 9:25 kon ik zeggen: „Een ding weet ik, dat ik, die blind was, nu kan zien."

Iets kunnen

Het was toen, dat ik de vreugde van de Trooster, de Heilige Geest, leerde kennen. Hij opent de deur, zodat we

Christus kunnen zien, zonder ooit de aandacht op Zichzelf te vestigen. In het Oude Testament (2 Kronieken 24:20) lezen we, dat de Heilige Geest Zekarja „vervulde", zodat deze de goddelijke boodschap kon verkondigen. Het is alsof de Heilige Geest „Zichzelf bekleedde" met de profeet. Ik vind dat een prachtige gedachte, dat de Heilige Geest Zichzelf met mij, met u, wil bekleden. „Weet gij niet, dat uw lichaam een tempel is van de Heilige Geest, die in u woont, die gij van God ontvangen hebt?" (1 Korintiërs 6:10). Ik klemde mij vast aan de belofte van 2 Timoteüs 1:7: „Want God heeft ons niet gegeven een geest van lafhartigheid, maar van kracht, van liefde en van bezonnenheid." De Heilige Geest, die ons tot allerlei dingen *in staat stelt*, is daar zelf de Bron van. Paulus schrijft aan de Korintiërs: „Niet dat wij uit onszelf bekwaam zijn iets als ons werk in rekening te brengen, maar onze bekwaamheid is Gods werk" (2 Korintiërs 3:5).

Een plaats

Wat de praktische kant van het vrijgezellenbestaan betreft, heb ik ontdekt dat alleen degene die geleerd heeft alleen te leven in staat is zijn leven met een ander te delen. Ik besefte dat twee dingen nodig zijn, wil men een bevredigend leven als alleenstaande kunnen leiden: 1. we hebben een eigen *plek* nodig, en 2. we moeten in overeenstemming met de *tijd* leven.

Doordat ik uit een groot gezin kwam, wist ik hoe belangrijk het is een eigen plekje te hebben. Ik deelde een tweepersoonsbed met een jonger zusje en had een deel van een kast voor mijn kleren, maar ik had ook een kartonnen doos voor mijn eigen spulletjes. „Mijn" boom was ook een van mijn plekjes.

Het eerste dat God aan Adam en Eva gaf, was een plaats: de Hof van Eden. Toen ze deze tuin die ze van Godswege hadden ontvangen, kwijtraakten, werden ze vluchtelingen. Later was ook hun eerste zoon Kaïn gedwongen om als vluchteling te leven. Het was de ergste straf die God aan Kaïn (die zijn eigen broer gedood had) kon geven - dat hij niet langer een eigen „plek" had.

Toen ik voor het eerst uit huis ging om bij mijn grootmoeder te gaan wonen, kreeg ik een eigen kamer en een bureau - een eigen *plek*. In mijn ontwikkeling als christen heb ik altijd de behoefte gevoeld aan een plaats waar ik mijn stille ogenblikken kon doorbrengen. Later, toen ik op allerlei plaatsen in de wereld bij mensen thuiskwam, zag ik dat een echtgenote en moeder ook haar eigen plek nodig heeft - ten minste een eigen bureau of tafel en stoel - om haar rol goed te kunnen vervullen. Pas dan kan zij ook aan anderen een plaats bieden. In ons geestelijk leven is het feit dat we geen plaats hebben om in alle stilte met God samen te zijn, een van de grootste praktische problemen. Jezus miste ook zijn eigen plek in de wereld: „De vossen hebben holen en de vogelen des hemels nesten, maar de Zoon des mensen heeft geen plaats om het hoofd neer te leggen" (Lucas 9:58).

Mijn zuster is zendelinge. Zij is ongehuwd gebleven. Zij merkte dat ze geen eigen plek had als ze met verlof naar huis kwam. Ten slotte vond ze een jas die ze heel graag droeg. Die werd voor haar een symbool van Gods beschermende liefde. Als ze die aandeed, zei ze steevast: „Dat is momenteel mijn thuis." Zij had het er erg te kwaad mee dat ze de jas moest weggeven toen ze weer naar haar zendingspost in Afrika terugging.

Als we het er moeilijk mee hebben dat we geen eigen plaats hebben, delen we dat probleem met onze Heer. De enige twee plaatsen die de wereld voor Hem had, waren een kribbe en een kruis.

Opruimen kan een plaats scheppen

In een hartroerende gebeds-brief die Walter kort voor zijn dood aan vrienden van ons schreef, benadrukte hij hoe belangrijk een eigen plek is:

Dit de is uitdaging van dit moment: ruimte maken door op te ruimen. Misschien moeten we beginnen met het in orde brengen van de dingen die we kunnen zien: onze laden en kastplanken, onze kleerkast en ook onze financiën. Maar, bovenal, moeten we innerlijk op orde zien te geraken.

Opruimen schept nieuwe ruimte, maar we hebben ook ruimte nodig om op orde te komen. In een klein kamertje, waar je spullen zijn opgestapeld en je je nauwelijks kunt roeren, kun je niet opruimen. We hebben ook ruimte nodig om ons tot God te kunnen keren. Ons grootste gevaar is dat we die ruimte om ons om te kunnen draaien en ons te bekeren zullen kwijtraken... De bediende bij de bruiloft gaf te kennen dat er „nog steeds plaats" was (Lucas 14: 22) om aan te schuiven voor het bruiloftsmaal waarvoor we allemaal zijn uitgenodigd. De Heer zei tegen Mozes, die Gods heerlijkheid wilde zien: „Zie, bij Mij is een plaats" (Exodus 33:21). Daarop plaatste God Mozes in de spelonk en bedekte hem met zijn hand.

De spelonk is de plaats van genade. Nauw omsloten door de rotswanden - dat is Gods plaats voor ons in deze wereld.[2]

Hoe ik mijn plek vond

Na mijn ervaring in het jeugdkamp in Minnesota kreeg ik de diepe zekerheid dat ik veilig was in Gods tent, dat ik een schuilplaats had in zijn nooit-aflatende liefde. Ik klemde mij vast aan de beloften van Jesaja 43:1 en 4: „Vrees niet [Ingrid], want Ik heb u verlost, Ik heb u bij uw naam geroepen, gij zijt mijn... Omdat gij kostbaar zijt in mijn ogen en hooggeschat en Ik u liefheb." Ik heb in mijn Bijbel de belofte van Jesaja 45:2,34, die ook voor mij bedoeld is, onderstreept:

Ik zal voor u uitgaan
  en de oneffenheden effenen;
koperen deuren zal ik verbreken
  en ijzeren grendels verbrijzelen.
Ik zal u geven de schatten der duisternis

en de rijkdommen der verborgen plaatsen,
opdat gij weet, dat Ik, de Here, het ben,
die u bij uw naam riep, de God van Israël.

Omgaan met tijd

Mijn zoon geeft les aan een universiteit en observeert veel alleenstaanden en pasgetrouwden. Pasgeleden vroeg ik hem: ,,Wat is het geheim van het succes van jonge mensen die jij kent?"

Zijn antwoord liet niet op zich wachten: ,,Degenen die in het leven slagen eten regelmatig, slapen regelmatig en houden hun huis bij." Hij gaf toe dat dit laatste voor hem en zijn vrouw soms wat problemen opleverde.

In mijn laatste studiejaar aan het Augustana College in Rock Island in de staat Illinois (V.S.), zakte ik voor een tentamen in filosofie van de 19e eeuw, omdat ik geen tijd had gehad om me er voldoende op voor te bereiden. Ik stortte mijn hart tegenover het hoofd van het meisjesinternaat uit: een zwaar studieprogramma met twee part-time baantjes. Maar ze trapte er niet in. Zij keek me recht in het gezicht en zei: ,,Heb je niet wat teveel medelijden met jezelf? Probeer het er de volgende keer beter van af te brengen. Deel je werk goed in en houd je aan je schema."

C.S. Lewis had ook moeite met het begrip tijd. Hij zei eens: ,,Wij zijn niet gemaakt om rekening te houden met de tijd. Een vis leeft in het water, maar het water vormt voor hem geen probleem. Maar wij leven in de tijd en hebben daar voortdurend moeite mee. Wij zijn niet gemaakt voor de tijd. Wij zijn gemaakt voor de eeuwigheid. Wij zijn tijdloze schepsels."

En toch moeten wij, C.S. Lewis niet uitgezonderd, rekening houden met de tijd en die zo goed mogelijk gebruiken. We mogen geen tijd verspillen, niet de tijd doden, zelfs niet de tijd besteden. We moeten onze tijd *investeren*. Ik denk graag aan de tijd als aan een bankrekening die bij onze geboorte werd geopend. Er zijn geen stortingen, alleen opnamen. Niemand kan iets aan zijn lichaamslengte of aan zijn levensduur veranderen.

Een kind wacht op de tijd - wacht op de dingen die gaan gebeuren. Het voelt zich beheerst door de tijd, of voelt zich er zelfs door opgejaagd. Voor de volwassene is tijd echter iets dat hij kan *investeren*. Een volwassene wacht niet gelaten op de dingen die gaan gebeuren, maar maakt plannen en beseft dat God hem dikwijls de verantwoordelijkheid toevertrouwt om ervoor te zorgen dat dingen gaan gebeuren. Ik heb ontdekt dat de Heilige Geest me wenken geeft: ,,Schrijf vandaag die brief." ,,Bel je broer op, of je vrienden." Ik hoor die innerlijke stem eenmaal, soms tweemaal, maar als ik de derde keer niet gehoorzaam, weet ik dat ik Gods beste moment heb laten passeren, dat ik een zegen heb misgelopen en misschien zelfs zijn koninkrijk heb geschaad.

Het moment van het heden is het enige waarover we beschikken. De slechtste beslissing is vaak om helemaal niets te besluiten. Als we niet besluiten hoe we de tijd die ons gegeven is, zullen gebruiken, zullen krachten buiten ons die beslissing voor ons nemen.

Generaal Ulysses S. Grant stond tijdens een belangrijke slag voor een moeilijke beslissing. ,,Bent u er zeker van dat uw beslissing de juiste is?" vroeg een van zijn ondergeschikten hem.

,,Nee, dat ben ik niet," antwoordde hij. ,,Maar het enige waar ik echt bang voor ben, is besluiteloosheid."

Toen men Alexander de Grote vroeg hoe hij dacht de wereld te veroveren, was zijn simpele antwoord: ,,Door het niet uit te stellen."

Ik heb een kernachtige spreuk op mijn bureau die een voortdurende uitdaging voor mij is: ,,Doe het nu!"

Eleanor Roosevelt was ongetwijfeld een van de opmerkelijkste vrouwen van deze eeuw. Op de vraag wat haar geheim was van de manier waarop ze haar tijd besteedde, antwoordde zij: „Als ik iets moet doen, doe ik het gewoon."

Op een bepaald moment in mijn christelijke loopbaan, toen ik nog ongetrouwd was, kreeg tijd een bijzondere betekenis voor me. Ik begon te beseffen dat het tijd werd voor een beslissing - tijd om te ontdekken wat God met mij voor had. Ik had tijdens mijn studiejaren geleerd mijn geloof te verdedigen, te getuigen van wat ik geloofde en antwoord te geven op vragen die men mij stelde. Maar nu wist ik dat God meer van mij wilde en begon ik te beseffen dat Hij mij riep om zendelinge te worden. Maar ik wist ook dat het feit dat ik de oceaan zou oversteken, nog geen zendelinge van mij zou maken. Ik wist dat ik mij volledig moest overgeven, zodat Gods plan, zijn bedoeling en programma voor mijn leven verwezenlijkt zouden kunnen worden. Dat is hoe ik als alleenstaande mijn verborgen kracht zou kunnen vinden.

Het aanboren van uw verborgen kracht

1. Wat was uw eerste ervaring van gebedsverhoring?

2. Kunt u mensen noemen die een onuitgesproken vertrouwen uitstralen?

3. Hebt u het gevoel dat u ergens bij hoort, dat u de moeite waard bent en iets kunt? Hoe kwam u aan deze gevoelens?

4. Waar is uw „plek"? Kunt u zo'n plaats voor uzelf maken of vinden?

5. Hoe gaat u met de tijd om? Hebt u geleerd te genieten van het sacrament van het moment van het heden? Kent u het nu volgende geheim?

Besluit wat belangrijk is. Doe het vervolgens.
Besluit wat onbelangrijk is. Doe dat niet.

6. Neemt u dagelijks een ogenblik rust om uw tijd in te delen?

HOOFDSTUK 4

Toegewijd leven

Uw kans om het vast te leggen en het werkelijkheid te maken

Toen ik een jaar of tien was vroegen mijn ouders mij een keer om op mijn twee jaar oude broertje Gus te passen, terwijl zij samen een wandeling gingen maken. Dat deed ik. Alles ging prima, totdat ik mij het boek dat onder mijn kussen lag herinnerde. Even later zat ik al met mijn rug tegen de boomstronk in onze tuin geleund, verdiept in mijn boek. Mijn verantwoordelijkheid was vergeten. Plotseling klonk er een luide kreet. Gus was van zijn rode kar gevallen. Hij was op een kei terechtgekomen en had zijn tanden door zijn lip. Ik kan me niet herinneren of ik voor mijn nalatigheid ben gestraft, maar ik herinner mij wel dat mijn vader zei: ,,Gus zal van deze val altijd een litteken overhouden. Als je dat ziet, zal dat je eraan herinneren dat je je belofte niet bent nagekomen."

Als ik nu mijn broer, die in de vijftig is, ontmoet, zie ik nog altijd iets van dat litteken en dat is nog steeds een aansporing voor me om mijn verantwoordelijkheid ernstig te nemen.

Toewijding - wat is dat precies?

Een predikant omschreef toewijding als een ,,plechtige belofte, het aangaan van een band met een persoon, een ideaal, de waarheid - wat de toekomstige prijs ook mag zijn".

Mijn zwager, Vincent Will, heeft er zijn eigen definitie voor. Volgens hem is het „de eerste stap op weg naar een nieuw bestaan. Een gebrek aan toewijding is hetzelfde als geloven-op-de-korte-termijn, iets waarvan je nog terug kunt. Maar als je jezelf aan God overgeeft, geef je jezelf aan Iemand die groter is dan jezelf, aan Iemand die de Weg, de Waarheid en het Leven is. Het is het laatste dat je zelf doet, voordat God het van je overneemt. Je geeft jezelf in handen van Gods schoonheidssalon en geeft je over aan Hem die de grond van je geloof is."

Geloof komt eerst, de grondslag voor onze band met onze Minnaar, Jezus Christus. En dan volgt toewijding, overgave aan Hem en zijn plan voor ons, onze taak. Toewijding is nooit een kwestie van dwang. Het is een vrijwillige gave.

Mijn eigen toewijding

Als ik terugkijk op een aantal van de plechtige beloften van toewijding die ik heb gedaan, herinner ik mij hoe ik, toen ik dertien was, belijdenis aflegde van mijn geloof - dat ik geloofde in God de Vader, de Zoon en de Heilige Geest en dat ik de machten van het kwaad, de duivel en al zijn loze beloften, de rug toekeerde. De dominee bezegelde deze toewijding. Hij legde zijn beide handen op mijn hoofd en bad het volgende gebed:

> Vader in de hemel, in Jezus' naam, wek in Ingrid de gave van uw Heilige Geest; bevestig haar geloof, stuur haar leven, geef haar de kracht om te dienen, geef haar geduld als ze moet lijden en breng haar tot eeuwig geloof.

Drie jaar daarna stond ik, nadat we het nieuws van mijn vaders dood in Afrika hadden gehoord, voor mijn medestudenten en verklaarde ik:

Het is moeilijk te begrijpen waarom mijn vader nu wordt weggenomen, terwijl hij in Tanzania zo hard nodig is. Mijn zusjes en ikzelf zijn meer dan ooit vastbesloten ons leven volledig te geven voor de uitbouw van Gods koninkrijk hier op aarde, op de manier en op de plaats die Hem het beste dunkt.

Het was opnieuw een belofte van toewijding - ik werd er eigenlijk bang van, want ik had geen idee hoe ik deze zou kunnen verwezenlijken. Maar God neemt ons au sérieux als we ons tot Hem wenden en ons leven aan zijn voeten leggen.

Op 10 juli 1944 had ik, nadat ik de Luther Academy had afgemaakt, de kans om die toewijding tijdens een bijbelstudiekamp in Noord-Minnesota hard te maken. Alle deelnemers werden uitgenodigd om een schriftelijke verklaring op te stellen en die in het bijzijn van drie van de leiders te ondertekenen.

Ik ondertekende met Ingrid J. Hult en dateerde mijn verklaring. Daaronder staan de handtekeningen van drie mannen van God die getuige waren van mijn belofte van toewijding: Paul J. Lindell, Clifford Michelsen en Evald J. Conrad. Hun gezamenlijke evangeliearbeid omspant de aardbol.

Ik heb dat vel papier in mijn Bijbel geplakt, tussen het Oude en het Nieuwe Testament in. Het is daar nog steeds, weliswaar gehavend, maar evenals het litteken van mijn broer is het een blijvende herinnering.

Als u misschien een soortgelijke belofte van toewijding aan de Heer wilt afleggen, vindt u de volledige tekst van mijn verklaring aan het einde van dit hoofdstuk. Lees deze aandachtig en onder gebed door; zet er vervolgens de datum en uw handtekening onder, als het enigszins kan in tegenwoordigheid van getuigen. Dat zal in de komende jaren veel voor u betekenen. Het kan u helpen uw doelstellingen in het leven duidelijk voor ogen te houden en het kan voor u een bron van verborgen kracht worden waarvoor u altijd dankbaar zult blijven.

Het zou nog geen drie jaar duren voordat ik in het openbaar blijk zou geven van mijn toewijding. Ik had toen mijn studie aan het Augustana College beëindigd, had een zendingscursus gevolgd aan een Lutherse Bijbelschool in Minneapolis en was als zendelinge door de Soedan-zending aangenomen. De dag kwam dat ik de officiële opdracht ontving om naar Kameroen, in West-Afrika, te gaan. Het was een plechtig moment toen de leiders van het zendingsgenootschap en de predikanten van het district mij de handen oplegden en mij voor mijn taak zegenden.

Ik wist niet dat er achter in de volle kerk een jonge Duitse student stond die een stille stem in zijn binnenste hoorde zeggen: „Deze jonge vrouw, die je bij het altaar geknield ziet, zal eens je vrouw worden." Hij zette het als iets volkomen onrealistisch van zich af.

Een paar dagen later vertrok ik naar Frankrijk waar ik lange maanden aan de studie van het Frans besteedde, voordat ik de boot naar Afrika zou nemen.

Ik hield me aan mijn belofte. Daar was helemaal niets romantisch aan. Door steeds één dag tegelijk te leven, wist ik mijn studie te voltooien en mijn onderwijzersdiploma te behalen als voorbereiding op mijn werk in Franstalig Kameroen. Na anderhalf jaar had ik dat doel bereikt en was ik klaar om naar mijn zendingspost te vertrekken. Ondertussen had ik die jonge Duitse student beter leren kennen. Hij was inmiddels predikant in Ludwigshafen. Maar we waren nog niet klaar voor iets definitiefs. „Een christen is iemand die kan wachten," vertelde onze dominee ons.

Toewijding in het huwelijk

We wachtten tot het juiste moment was gekomen om de huwelijksband aan te gaan.

Volgens dr. Theo Bovet, een befaamd Zwitsers arts en huwelijksadviseur, die ook een collega van Paul Tournier was, is een relatie de basis van toewijding. Vaak houdt hij jongelui die willen gaan trouwen voor: „Eerst kies je de persoon van wie je houdt, en dan houd je van degene die je hebt gekozen!"

In een artikel dat de titel heeft: „Ben ik met de verkeerde getrouwd?" zegt Dave Veerman:

> Waar het bij een succesvol huwelijk in laatste instantie om gaat is toewijding. Ik geloof dat elke twee mensen die God en elkaar toegewijd zijn, elkaar gelukkig kunnen maken. Maar omgekeerd kunnen ook elke twee mensen het leven voor elkaar tot een ramp maken, hoe goed ze qua eigenschappen ook bij elkaar passen. Toewijding maakt het verschil uit.
>
> Val niet voor de leugen dat het gras elders groener is. Laat de gedachte niet toe dat uw huidige huwelijk een enorme blunder was en dat er ergens anders iemand rondloopt die volmaakt voor u zou zijn. God heeft een groots plan voor u en uw partner, maar voorwaarde is, dat Hij er het middelpunt van is. Wijd uzelf aan hem en aan elkaar.[1]

Toegewijd aan projecten

Hoe duidelijk staat mij die koude avond, in februari 1963, voor de geest, toen ik met stevige tred en met een immense, nieuwe blijdschap in mijn hart door de straten van New York stapte. Naast mijn drukke taak als huisvrouw en als moeder had ik in Afrika tien jaar lang aan een boek gewerkt. Ik had alle noodzakelijke studie verricht en had een uitgever gevonden die belang stelde in mijn verhaal. Ik had een contract gekregen voor een boek waarvan alleen nog maar de grote lijnen vaststonden. Ik bestudeerde de kleine lettertjes in het officiële, blauwe document. Een paar dagen daarna tekende ik het contract, hetgeen opnieuw betekende dat ik mij ergens plechtig toe verplichtte. Ik moest de eerste versie van *On Our Way Re-*

joicing (vreugdevol op weg) voor de eerste september van dat jaar afleveren.

Toen ik die eerste, kleine stap zette, besefte ik nauwelijks hoe lang die weg vóór mij zou zijn. Maar evenmin kon ik bevroeden hoeveel deuren het in ons toekomstig werk zou openen. De verplichting die ik aanging, was in feite het sluitstuk van de aandrang die ik al jarenlang had gevoeld om het verhaal neer te schrijven van wat er gebeurt als een heel gezin zegt: „Hier ben ik, Heer, zend mij," zoals Jesaja zei in hoofdstuk 6, vers 8. Vaak stond ik op het punt om het op te geven, maar ik bleef vasthouden aan de belofte van Psalm 118:17: „Ik zal niet sterven, maar leven en ik zal de daden des Heren vertellen."

Niet terugzien

Al die dingen die ik toen leerde, hebben mij geholpen op andere momenten waarop het op toewijding aankwam. Jezus wond er geen doekjes om toen Hij tegen degenen die Hem wilden volgen zei: „Niemand, die de hand aan de ploeg slaat en ziet naar hetgeen achter hem is, is geschikt voor het Koninkrijk Gods" (Lucas 9:62). Dit „zien naar hetgeen achter ons ligt" kan de vorm aannemen van een rusten op je lauweren of van wegzinken in je mislukkingen van het verleden. Om een rechte voor te kunnen ploegen, moet je je ogen op het punt gericht houden waar je wilt uitkomen. Een van die oude, populaire Zweedse liederen die mijn ouders samen zongen was getiteld „Ik kijk niet om". De Zweedse opwekkingsprediker Oskar Ahnfelt schreef de muziek en Annie Johnson Flint dichtte er de woorden bij:

Ik kijk niet om; God kent mijn vruchteloze pogen,
 verspilde tijd, mijn zonde en mijn spijt.
Ik laat dat al bij Hem, die alles uitwist,
 Genadiglijk vergeeft en dan vergeet.

Het laatste couplet zong ik het liefst:

Ik kijk omhoog, in Jezus' aangezicht.
Daar vind ik rust; Hij neemt mijn angsten weg.
Daar vind ik blijdschap, liefde, licht op mijn pad.
Hij geeft mij vrede en vervult mijn hoop.

Absolute toewijding

Onszelf aan God wijden wil zeggen dat zelfs zij die ons op het menselijke vlak het dierbaarst zijn - onze eigen familie - niet tussen Hem en ons in mogen komen.

Hoe kon mijn vader zijn vrouw en kinderen achterlaten en in zo'n gevaarlijke tijd teruggaan naar de andere kant van de oceaan? Hij was nodig in het Oostafrikaanse zendingsveld en men vroeg hem terug te keren. Hij werd innerlijk verscheurd, want hij wist dat „ja" zeggen betekende dat hij van zijn vrouw en van zijn opgroeiende kinderen, die hun vader zo nodig hadden, gescheiden zou zijn. Als er ooit een man was die van zijn gezin hield, was het mijn vader. Maar zijn roeping om in Afrika te dienen, liet hem geen andere keus.

Tijdens de tocht van New York naar Kaapstad werd zijn schip getorpedeerd en midden in de Atlantische Oceaan door een Duits oorlogsschip tot zinken gebracht. Door een wonder brachten hij en zijn medepassagiers het er levend af. Terug in de Verenigde Staten zeiden zijn familie en vrienden tegen hem: „Je blijft nu toch zeker wel thuis hè, nu het zo gevaarlijk is!?"

Maar een jaar later wist hij weer een overtocht te boeken - dit keer op een vrachtschip volgeladen met munitie. Toen hij veilig in Kaapstad was gearriveerd, zond hij ons een telegram.

Een paar maanden later bracht hij het grootst mogelijke offer - zijn eigen leven - en werd hij begraven in de zandige bodem van Dar es Salaam.

Indien iemand tot Mij komt, en niet haat zijn vader en moeder en vrouw en kinderen en broeders en zusters, ja zelfs zijn eigen leven, die kan mijn discipel niet zijn (Lucas 14:26).

Liefdevolle toewijding

De kerk in Efeze was erg succesvol. De leden werkten hard, verdroegen moeilijkheden en streden tegen ketterijen. Maar er was iets dat helemaal fout zat. Zij hadden het belangrijkste aspect van hun toewijding, hun ,,eerste liefde", verlaten. Zij moesten weer echte diepe, liefde voor hun Heiland opvatten. Jezus' boodschap aan hen was heel duidelijk: ,,Maar Ik heb tegen u, dat gij uw eerste liefde verzaakt hebt" (Openbaring 2:4).

Iemand zei eens: ,,God respecteert ons wanneer we voor Hem werken, maar Hij houdt van ons als we zingen." Hij zoekt niet naar een betaalde huishoudster, maar naar een bruid. Toewijding betekent dat ik mijn hart en leven aan Hem toevertrouw en op zijn liefde antwoord zoals een bruid dat doet tegenover haar bruidegom.

Het aanboren van uw verborgen kracht

1. Welke dingen hebt u in het verleden plechtig beloofd?

2. Wat weerhoudt u ervan uzelf over te geven?

3. Wat denkt u van de uitspraak van dr. Bovet dat we eerst degene kiezen van wie we houden en dan houden van de persoon die we hebben gekozen? Gaat dat vandaag de dag nog steeds op?

4. Hoe komt de ,,eerste liefde" van Openbaring 2:4 in uw leven tot uitdrukking?

VERKLARING VAN PERSOONLIJKE TOEWIJDING IK GELOOF:

1. Ik geloof dat God deze wereld en alles wat daarin is, schiep tot zijn eer; dat Hij mij geschapen heeft en dat ik alles dat ik bezit aan Hem dank; dat ik daarom, en ook omdat Hij mij met zijn eigen dierbaar bloed heeft vrijgekocht, volledig aan Hem toebehoor. Romeinen 11:36; Psalm 24:1; 1 Korintiërs 6:19,20; Openbaring 4:11; 5:9,10; Kolossenzen 1:16; Handelingen 17:23-31.

2. Dat God van mij vraagt dat ik zijn eigendomsrecht over mijzelf en alles dat ik bezit erken en me daarin verheug; dat Hij van mij vraagt dat ik mij met mijn gehele hart aan Hem onderwerp en zonder voorbehoud zijn wil doe; dat het zijn wens is dat ik altijd zo leef alsof Hij aanwezig is en dat ik mij in al mijn zakelijke activiteiten een trouw rentmeester en zaakwaarnemer van zijn bezittingen toon. Spreuken 23:26; Kolossenzen 3:23; 1 Korintiërs 9:16,17.

3. Dat God een welomlijnd doel, plan en programma voor mijn leven heeft. De dagen die God voor mij heeft vastgesteld werden zelfs al voor mijn geboorte in Gods boek vastgelegd. Maar zijn plan voor mij kan alleen werkelijkheid worden als ik mij onderwerp en alles aan God en zijn wil en bedoelingen ondergeschikt maak. Aan de andere kant: in de mate waarin ik leef voor mijzelf, voor geld en vermaak, zal mijn leven een verspilling zijn en zullen Gods bedoelingen onvervuld blijven. Psalm 139:14-18; Jesaja 49:1; Efeziërs 2:10; Galaten 1:15,16; Jeremia 1:5.

4. Dat Hij volledig bezit neemt van mijn leven, wanneer ik mij geheel aan Hem geef; dat Hij mij dan elke dag naar zijn wil zal richten; dat alle dingen en omstandigheden dan ten goede zullen meewerken en ertoe zullen bijdragen dat zijn bedoelingen voor mij werkelijkheid worden; dat Hij mij kracht zal geven door zijn Heilige Geest en mij een vreugdevol, overwinnend, doelgericht en vruchtbaar leven zal schenken. Romeinen 12:1-4; Johannes 6:37, 15:16; Romeinen 8:28; 2 Korintiërs 2:14.

5. Dat het de Heer behaagt en mij in mijn geloof helpt,

als ik openlijk voor anderen van mijn overgave en toewijding aan God rekenschap geef; dat het bij mijn pogen om de wil van God en zijn bedoelingen voor mijn leven te leren kennen, goed en in overeenstemming met Gods plan voor mij is om mijzelf ook te wijden aan de gemeenschap van Gods volk en aan hen die van Godswege boven mij zijn geplaatst; en dat, als ik mij gewillig onderwerp aan de Heilige Geest, Hij mij via deze gemeenschap zal onderwijzen, trainen en voorbereiden en mij uiteindelijk zal leiden tot de opdracht en de roeping die Hij voor mijn leven heeft. 2 Korintiërs 8:5; Hebreeën 13:7,17,24; Handelingen 13:1-4.

MIJN BELOFTE:

Omdat ik dit alles met heel mijn hart geloof, kom ik nu, o Heer, slechts door uw genade, tot U om U te vragen mij geheel en al de uwe te maken. Daarmee bedoel ik alles dat ik ben en dat ik heb - lichaam, ziel en geest; mijn talenten en mogelijkheden; mijn tijd en mijn toekomst; mijn huis, mijn eigendommen en geld; mijn familieleden en hen van wie ik houd; mijn positie en ambities; de dingen waarvan ik houd en waaraan ik een hekel heb; mijn gewoonten en ideeën; en alle andere dingen die ik als vanzelfsprekend als mijn bezit heb beschouwd.

Dit alles leg ik op uw altaar en beschouw het vanaf dit moment als uw bezit. En ik geloof dat U, naar uw belofte, mij wilt aanvaarden en dat U mij steeds van zonde en schuld zult reinigen en mij in staat zult stellen te willen en te doen wat U wilt.

Verder geef ik mij ook met vreugde over aan de leiding van de Heilige Geest in en door de gemeenschap met Gods volk, aan degenen die van Godswege over mij zijn gesteld en aan hen die met mij Gods diepste bedoelingen voor hun leven nastreven. Ik voeg mij bij hen om zo samen de wil van Christus te leren kennen en te volgen en ik ben nu gereed om te doen wat de Heilige Geest mij ook via deze gemeenschap mag opdragen.

Ik wijd mijn leven U toe, o Heer, en vertrouw erop dat U het op uw eigen manier zult gebruiken. „Ik weet op wien ik mijn vertrouwen heb gevestigd, en ik ben ervan overtuigd, dat Hij bij machte is, hetgeen Hij mij toevertrouwd heeft, te bewaren tot die dag."

Handtekening ____________
Datum __________________

„En zij gaven zich - zoals wij niet hadden durven verwachten - eerst aan de Here en door de wil van God ook aan ons" (2 Korintiërs 8:5).

Getuigen: ________________

HOOFDSTUK 5

Stress
Wanhoop
Ontspanning

Zes regels om stress te overwinnen

Terwijl ik dit schrijf, word ik geplaagd door stress. Ik ben achter op mijn werkschema en een heleboel verschillende projecten vragen mijn tijd en aandacht. Ik stel de dingen uit en verschuif naar later wat ik nu zou moeten doen. Ik heb de neiging te vergeten dat een juiste besteding van mijn tijd inhoudt dat ik in het heden blijf, terwijl ik plannen maak voor het „toekomstige heden". Misschien komt de stress als wij *zelf* Gods werk proberen te doen, zoals mijn broer niet zo lang geleden opperde.

Wij zouden stress kunnen definiëren als een situatie die ons voortdurend hindert en ons van ons stuk brengt. Ik denk daarbij aan een vioolsnaar. Als hij te strak gespannen is, knapt hij. Als hij te slap is, maakt hij geen muziek.

Een tijdje geleden logeerde ik bij mijn dochter, omdat zij vond dat ik te hard werkte en rust nodig had. Zij probeerde alle bronnen van externe stress weg te nemen - en slaagde daar zo goed in, dat ik bijna te lui werd om nog een ansichtkaart te schrijven. Een verpleegster legde me later uit dat we stress in feite nodig hebben om ons gaande te houden, om de muziek te laten spelen. Stress wordt pas gevaarlijk wanneer hij onze leefwijze gaat domineren.

Maar als we om ons heen kijken, ontdekken we een aantal dingen die onze stress kunnen verlichten.

Middelen tegen stress

Ik heb ergens gelezen dat we per dag minstens vijftien keer *hartelijk moeten lachen*. Er is wellicht geen betere remedie tegen stress dan een gulle lach. Geen enkel volk heeft door de eeuwen heen zo veel geleden als het joodse volk, maar de joden hebben hun fijne gevoel voor humor nooit verloren. Zij brengen het bijbelwoord in praktijk: ,,Een vrolijk hart bevordert de genezing" (Spreuken 17: 22). Lachen is een therapie: een soort ,,inwendig joggen", waardoor alle spieren in ons die door de problemen van alledag gespannen zijn geraakt, worden losgemaakt.

Ik moet denken aan de laconieke zendeling die verantwoordelijk was voor de elektriciteit en de watervoorziening van de 350 studenten en 25 stafleden van onze school in Kameroen. De stroom werd opgewekt door generatoren die een groot deel van de tijd kuren vertoonden. Als we bij hem klaagden dat we in ons huisje geen stroom en water hadden, lachte hij en verzekerde ons: ,,Als jullie denken dat het vandaag beroerd is, wacht dan maar eens tot morgen."

Een andere remedie tegen stress is een *houding van dankbaarheid*. Toen ik eens een keer kribbig werd om alle dingen op mijn lijstje die ik nog niet gedaan had, was er de vriendelijke vermaning van een goede vriendin: ,,Ingrid, waarom ben je niet dankbaar voor de dingen die je wel hebt kunnen doen? Satan, de aartsbeschuldiger, is er altijd op uit je innerlijke vrede weg te nemen door je te herinneren aan wat je nog niet hebt gedaan. Maar de Heilige Geest is de grote bemoediger en trooster. Waarom zou je jezelf meer op je kop geven dan Hij doet? Waarom zou je je lijstje niet aan Hem voorleggen en Hem vragen welke dingen je vandaag *niet absoluut* hoeft te doen?" Dat deed ik en het hielp inderdaad.

Het volgende middel tegen stress waaraan we kunnen denken is een *juist perspectief ten aanzien van prioriteiten*. Een oude spreuk luidt: „Elke overwinning helpt u bij de volgende."

Elke stap voorwaarts is er één. „Doe de stap die voor de hand ligt," zei mijn broer, die administrateur is, eens tegen mij toen ik het niet meer zag zitten. Ik ging zitten en dacht na over wat het allerbelangrijkste was en de volgende stap werd duidelijk.

Ik heb altijd gehouden van de steeds weerkerende verzekering van de Psalmist: „De Here is mij een burcht." Als je de torens van een burcht beklimt, zie je de dingen in de juiste proporties: wat klein is, ziet er klein uit en wat groot is, ziet er groot uit.

In hun boek *Women Under Stress* (vrouwen die aan stress lijden) schrijven Randy en Nanci Alcorn: „Pas je aan bij wat je zelf niet kunt beïnvloeden, beheers en beïnvloed de dingen voor zover je dat wel kunt en laat de rest aan Hem over. En bedenk daarbij dat het dan in grotere, betere en sterkere handen is."[1]

Als ik stil ben en naar zijn stem luister in plaats van heen en weer te hollen, sta ik verbaasd van wat er kan gebeuren. Volgens Johannes 10:4 herkennen schapen zijn stem. Hoe beter we afgestemd zijn op de vermaningen van de Goede Herder, hoe efficiënter we onze tijd zullen gebruiken. Hij stuurt ons niet in het wilde weg ergens heen.

Naast de tijd die we reserveren voor die angstaanjagende lijst van dingen die we moeten doen, moeten we ruimte laten voor spontaniteit en impulsiviteit. Zo af en toe moeten we kunnen zeggen: „Ik hoef niets te doen" en zo onze stress van ons afschudden en ons herstellen door te ontspannen. Waarom zouden we ook niet een beetje dromen? Onze geestelijke gezondheid vereist dat we ons niet altijd in het keurslijf van de tijd wringen.

En behalve onze lijst van dingen die we moeten doen, moeten we ook tijd inruimen voor een aantal dingen die we willen doen omdat we ze leuk vinden. Voor mij betekent dat dat ik altijd een schetsboek bij me heb om als dat zo uitkomt een vaas, een kandelaar, een bloem of een boom te tekenen. Van tijd tot tijd moet ik mijn ordelijke linker-hersenhelft, die aan alles betekenis en doel wil geven, even laten voor wat hij is ten einde mijn creatieve rechter-hersenhelft een kans te geven.

Gods tijd

God heeft me genoeg tijd gegeven om te doen wat Hij van mij verlangt. Probeer ik misschien te veel in één dag te proppen? Is het niet geweldig dat God rustte toen Hij de wereld had geschapen? Hij had het best in één dag kunnen doen, maar Hij nam er zes dagen voor. Het is geweldig om te ontdekken dat God geen haast heeft, en in Jesaja 28:16 lezen wij dat Hij ons diezelfde vrijheid geeft: „Hij die gelooft, haast niet." We kunnen van onze vredige, rustige God leren dat we slechts één dag tegelijk behoeven te leven. „Maakt u dan niet bezorgd tegen de dag van morgen, want de dag van morgen zal zijn eigen zorgen hebben; elke dag heeft genoeg aan zijn eigen kwaad" (Matteüs 6:34). Laten we in alle rust doen wat Hij vandaag van ons vraagt.

Onze krachtbron

Hoe kunnen we erachter komen wat Hij ons vandaag wil laten doen? Als ik 's morgens wakker word, zet ik allereerst mijn elektrische waterketel aan om de kop thee te maken die mij in beweging schijnt te zetten. Terwijl ik dat doe, bid ik: „Heer, help me om uw krachtbron in te schakelen." Alleen als dat innerlijke contact er is, kan ik zijn stem horen en door zijn Heilige Geest mijn instructies voor die dag ontvangen.

We lezen in Marcus 1:35 dat Jezus stilte zocht. „En vroeg, nog diep in de nacht, stond Hij op en ging naar buiten en Hij ging heen naar een eenzame plaats en bad aldaar."

Zijn discipelen kwamen kijken waar Hij was. Toen ze Hem vonden, riepen ze uit: „Allen zoeken u!"

Jezus antwoordde: „Laten wij elders heengaan, naar de naburige plaatsen, opdat Ik ook daar predike; want daartoe ben Ik uitgegaan" (Marcus 1:38). Zijn voorbeeld was duidelijk. Een dag zonder stil moment is als een boot zonder roer. In plaats van een zuivere koers te kiezen, laten we ons door de wind en de golven alle richtingen uitduwen.

In zijn boekje „Leen mij je ogen" (Ned. vertaling van „Martin Luther's Quiet Time"; Uitg. Kok, Kampen, 8e dr., 1988), schreef Walter:

> Voor Luther is gebed niet alleen een kwestie van praten, maar ook van stil zijn en luisteren. Voor hem is gebed geen eenrichtingverkeer. God werkt in twee richtingen. Wie bidt, praat niet alleen tot God, maar God spreekt ook tot hem - en dat is het belangrijkste aspect van het gebed. Bijbelstudie is een vorm van gebed... Veel christenen worden in hun stille ogenbikken verrijkt doordat ze zichzelf over de tekst die ze lezen vragen stellen:
>
> 1. Waarvoor ben ik dankbaar? (Dankzegging)
> 2. Waarvan heb ik spijt? (Belijdenis)
> 3. Waar zal ik om vragen? (Voorbede)
> 4. Wat zal ik doen? (Actie)
>
> Luther schrijft het volgende aan zijn barbier: „Als de Heilige Geest komt, terwijl u met deze gedachten bezig bent, en tot uw hart begint te spreken en u rijke, verlichtende gedachten schenkt, geef Hem dan de eer; laat uw bevooroordeelde gedachten varen, wees stil en luister naar Hem die betere dingen zegt dan uzelf; geef aandacht aan wat Hij duidelijk maakt en *schrijf het op* en u zult wonderen ervaren, gelijk David zegt: 'Ontdek mijn ogen, opdat ik aanschouwe de wonderen uit uw wet' (Psalm 119:18)."
>
> Het opschrijven, zoals Luther voorstelt, is een vorm van incarnatie van Gods Woord. Het wordt tastbaar, zichtbaar

en concreet. Het dwingt ons exact, specifiek en gedetailleerd te zijn. Monotonie wordt vervangen door veelzijdigheid en verrassing. Als we aantekeningen maken, kunnen we later ook gemakkelijk nagaan of we hebben gedaan wat we ons 's morgens voornamen. Een Chinees spreekwoord luidt: „Inkt is sterker dan het beste geheugen."

Opschrijven wat God ons zegt, helpt ons ook onze ervaringen te delen met onze gebedspartner - en om als man en vrouw samen beslissingen te nemen. Mijn vrouw en ik hebben afgesproken welke tekst we voor onze dagelijkse bijbelstudie zullen gebruiken. Dat is vooral van belang als we niet bij elkaar zijn. Als we dan daarna weer samen zijn, lezen we elkaar voor wat we in onze stille momenten hebben opgeschreven en zo maken we geweldige ervaringen.[2]

Dit hielp bij ons beiden de stress verminderen.

Het verdragen van stress

Mijn grootmoeder zei altijd: „Als God ons een last geeft, legt Hij die altijd op schouders die sterk genoeg zijn om die te dragen."

„God is een bouwkundig ingenieur," schrijven Randy en Nanci Alcorn. „Hij kent onze behoeften. Hij kent onze maximale belasting, onze grenzen. Hij staat toe dat we onder stress staan, maar Hij legt ons nooit zwaardere lasten op dan waartoe Hij ons in staat heeft gesteld om te dragen."[3]

Geef mij de kracht
om te rusten zonder schuld,
te rennen zonder opgejaagd gevoel,
te zweven als een arend
over de brede, adembenemende ravijnen van het leven
die U, zowel hier als hierna, nog voor mij in petto hebt.[4]

Stress en ziekte

Als vrucht van hun studie die de Alcorns deden voor hun hoofdstuk over stress en ziekte schreven zij:

Stress gaat gepaard met schadelijke, onzichtbare processen, waaronder de produktie van een teveel aan lipiden (vet) in het bloed. Langdurige stress beschadigt de wanden van de slagaders. Het lichaam reageert met het afzetten van cholesterol om de schade te herstellen. Als de stress maar lang genoeg voortduurt, blijft zich cholesterol afzetten en worden de slagaders steeds nauwer en verharden zich. De bloedstroom wordt daardoor belemmerd, waardoor een hogere bloeddruk nodig is om het bloed in de ledematen te krijgen. Dat veroorzaakt op zijn beurt weer een grotere druk tegen de wanden van de slagaders, met meer schade en een nog grotere produktie van cholesterol als gevolg.

Veel mensen zijn op de hoogte van de gevaren van een hoog cholesterolgehalte en proberen dat in de hand te houden door minder rood vlees en minder eieren te eten. Dat is goed. Maar één enkele woede-uitbarsting doet ons al naar een hogere versnelling overschakelen en kan in ons lichaam evenveel cholesterol als een dozijn eieren produceren![5]

Rust in plaats van stress

Matteüs 11:28,29 legt de nadruk op de noodzaak van *rust*: ,,Komt tot Mij, allen, die vermoeid en belast zijt, en Ik zal u rust geven; neemt mijn juk op u en leert van Mij, want Ik ben zachtmoedig en nederig van hart, en gij zult rust vinden voor uw zielen." Een van mijn lievelingsteksten in het Oude Testament is Exodus 33:14, waar de Here aan Mozes vraagt: ,,Moet Ik zelf medegaan om u gerust te stellen?" Een andere vertaling zegt: ,,Ik zal met u meegaan om u rust te geven."

In haar boek *Making Sunday Special* (hoe de zondag tot een bijzondere dag te maken) herinnert Karen Mains ons aan onze behoefte aan rust:

> God heeft ons 52 sabbatten, of zeven en een halve week vakantie, per jaar gegeven - tijd die we niet behoeven te besteden aan werk. Het is zoals Thomas van Aquino het uitdrukte: elke week ga je één dag op vakantie met God. Het helpt ons om ,,in ons binnenste de plekjes te ontdekken die verroesten als ze niet worden gebruikt."[6]

In een artikel in een tijdschrift schreef Karen verder:

> De rust van de sabbat is als een verkwikkende slaap na een periode van slapeloosheid... Ik sta er vaak versteld van hoe ik aan het einde van een zondag helemaal uitgerust ben, wanneer ik de familietraditie hooghoud door 's middags een dutje te doen. Deze zondagmiddagdutjes zijn gewoonlijk een diepe slaap, een teken dat ik het creatieve in mij, dat zo'n belangrijk deel van mijn persoonlijkheid uitmaakt, de kans heb gegeven om tot rust te komen... Het is alsof je wakker wordt en dankbaar vaststelt: *Hè, wat heb ik lekker geslapen*![7]

Verlost worden van stress

Als antwoord op mijn vraag aan mijn eerste redacteur, Ed Samms - in ons gezin gewoonlijk aangeduid als Oom Sam - hoe hij erin slaagde om door de stapel werk op zijn bureau heen te komen, zei hij: „Ik doe eerst een dutje en dan begin ik aan die stapel werk."

Ik heb zijn raad vaak opgevolgd. Maar hoe pak je het daarna aan? De volgende stappen hebben mij geholpen door mijn stapel werk heen te komen en hebben mijn stress veranderd in ontspanning:

1. Zet de dingen op een rijtje.

2. Neem een kop dampende thee.

3. Doe het minst plezierige eerst. Dat leerde ik van mijn efficiënte schoonmoeder. Zij moedigde mij ook aan om te beseffen en te aanvaarden dat niets in het leven helemaal volmaakt is. We moeten tevreden zijn met het onvolmaakte.

4. Verdeel en heers. Ik noem dit de gaten-kaas-methode: gaten maken in een groot project. Of, zoals mijn vriend Jean het zegt: „Je eet een olifant op door steeds één hap tegelijk te nemen."

5. Snijd de vluchtroutes af. Dat deed ik vandaag door mijn auto aan iemand uit te lenen, zodat ik niet in de verleiding kan komen achter mijn bureau vandaan te gaan.

6. Beloon uzelf zodra u een taak of een gedeelte daarvan heb beëindigd. Ik ga ergens een milkshake halen nu ik dit hoofdstuk af heb.

Het aanboren van uw verborgen kracht

1. Probeer aan te geven welke drie dingen momenteel in uw leven de meeste stress veroorzaken. Waarom leveren die zoveel stress op?

2. Welke lichamelijke gevolgen ervaart u als u last hebt van stress? En welke emotionele, verstandelijke en geestelijke gevolgen? Wat doet stress voor uw nauwe relaties met anderen?

3. Kies uit dit hoofdstuk drie suggesties die u aanspreken als middel om uw stress te lijf te gaan. Breng onder woorden hoe elk van deze suggesties u de volgende keer dat u aan stress lijdt, kan helpen.

HOOFDSTUK 6

Getrouwd zijn

Zes manieren om uw liefde te beproeven en te bewijzen

Het enige dat moelijker is dan alleen te leven, is het leven met een ander delen. Daarom is alleen degene die geleerd heeft alleen te leven, klaar om te trouwen. Ik denk dat vandaag de dag zoveel huwelijken stranden, omdat geen enkele man aan al de behoeften van zijn vrouw kan beantwoorden en omgekeerd geen vrouw in alle behoeften van haar man kan voorzien. Het is zelfs niet uitgesloten dat beiden in de ander juist grotere behoeften scheppen. Slechts één echte Minnaar, Jezus Christus, is in staat de wensen van ieders hart te bevredigen.

Het was mijn voorrecht om dr. Theo Bovet, de Zwitserse arts die ik in hoofdstuk 4 citeerde, te kennen. Hij was een statige figuur en zodra hij opstond om een lezing te beginnen over de geheimen van het huwelijk, ging een golf van verwachting door de zaal. Hij begon als volgt: „Als je schipbreuk wilt lijden, en ik bedoel echt schipbreuk waarbij je al je spullen verliest en in het water ronddrijft met een reddingsvest dat je ternauwernood van de verdrinkingsdood redt, moet je gaan trouwen."

Het huwelijk is een reis

Toen ik zelf trouwde, begreep ik ten slotte wat hij bedoelde. Als romantische, jonge vrouw, opgroeiend in de periode van na de Tweede Wereldoorlog, was mijn idee van het huwelijk dat je het tot stand bracht als je voor het altaar „ja" zei. Datzelfde idee hebben veel mensen ten aanzien van zendeling worden. Maar op die manier krijg je geen goed huwelijk en word je evenmin een goede zendeling.

Tegenwoordig zeg ik tegen jonge mensen op hun trouwdag: Je zult aan je huwelijk moeten werken. Het is niet iets kant-en-klaars dat je in de schoot geworpen krijgt. Evenals ik zul je moeten leren dat je van bepaalde illusies afscheid moet nemen. Na dertig jaar huwelijk besefte ik dat Walter en ik ons veel moeite hadden getroost bij elke stap onderweg. Het huwelijk is geen kwestie van improvisatie. Samen begin je aan een lange reis, zonder voldoende training, in een klein bootje dat onvermijdelijk in zwaar weer zal terechtkomen. Duitsers zijn daar heel duidelijk over. Zij zeggen: „Een man (of een vrouw) moet voor elk beroep een opleiding volgen, behalve voor het moeilijkste: het huwelijk." Er mogen dagen zijn dat uw bootje veilig in de haven voor anker ligt, maar daarvoor worden schepen niet gebouwd. Zij zijn gebouwd om er de zee mee op te gaan.

Walter en ik hadden een paar van die veilige dagen in de haven, maar meestal leek het alsof we midden op de oceaan waren, bezig water te hozen en mensen uit zee in de boot te hijsen, terwijl we probeerden om elkaar als man en vrouw de juiste signalen te geven. Daarbij hadden we altijd een sterke mede-stuurman nodig: de Heilige Geest. En we hadden de bemoediging nodig van medechristenen die ons vanaf hun scheepjes rondom sterkte toewensten. We zorgden er altijd voor dat we bij een kerk of gemeenschap behoorden waar broeders en zusters in Christus ons konden corrigeren en steunen.

Romantische liefde is niet genoeg. In zijn boek *We: Understanding the Psychology of Romantic Love*[1] (wij: een beter begrip van de psychologie van romantische liefde) zegt Robert Johnson dat deze niet langer dan drie maanden tot hoogstens drie jaar duurt.

Als ik het over romantische liefde heb, bedoel ik verliefd worden op een droombeeld, waarbij we vaak onze geliefde zien als een projectie van onszelf en niet als de persoon die hij of zij in werkelijkheid is. Zó stellen wij ons de emotie die wij liefde noemen voor, die ons plezier en vreugde verschaft bij het idee dat we samen zullen zijn; maar daarom is dit gevoel oppervlakkig. Liefde is echter iets heel anders. Liefde is een beslissing, een oordeel. Daaraan komen het verstand en de wil te pas. Echte liefde wil zeggen dat de geborgenheid en het welzijn van je partner even belangrijk voor je zijn als je eigen welzijn. We lezen in Efeziërs 5:28 dat mannen „verplicht zijn hun vrouw lief te hebben als hun eigen lichaam”.

Opnieuw moet ik denken aan die uitspraak van dr. Bovet: „Eerst kies je degene van wie je houdt en daarna houd je van wie je hebt gekozen.” Zo simpel en toch zo betekenisvol is het. Toen onze oudste dochter ging trouwen, vertelde haar man ons dat hij, voordat hij haar had gevraagd, twee weken lang op een stille plaats in afzondering had doorgebracht om Gods hulp te vragen bij de keuze van zijn aanstaande vrouw. Hij wist niet of ze „ja” of „nee” zou zeggen, maar hij kwam terug met de innerlijke zekerheid dat hij Katrine moest vragen zijn vrouw te worden. Zij zei direct „ja”.

Tijdens de bruiloft van mijn jongste dochter in Oostenrijk gaven de ouders van de bruidegom aan het jonge paar een zilveren cassette. Op elk onderdeel waren de initialen *E* en *R* (voor Ernst en Ruth) gegraveerd. De vader van Ernst zei tegen het jonge stel: „Denk eraan, dit is voor heel jullie leven!” Hun keuze moest blijvend zijn.

Het huwelijk als roeping

Afgezien van onze relatie met onze Heer is de keuze van

een levenspartner beslist het belangrijkste en meest ingrijpende besluit dat we kunnen nemen. Ik geloof dat het huwelijk een „roeping" is. Als we dit gevoel hebben van leiding en van samengebracht zijn, kunnen we in grotere mate de kostbare gaven die God ons in ons huwelijk wil schenken, ervaren.

Ik zal nooit de dag vergeten dat ik de absolute zekerheid kreeg dat God me had geroepen om de vrouw van Walter Trobisch te worden. Ik bevond mij in de savannen van West-Afrika en liep over de weg naar ons zendingsstation in Poli in Kameroen. Walter en ik hadden elkaar vluchtig ontmoet op het Augustana Seminary in Illinois (V.S.), waar hij in het kader van een uitwisselingsprogramma studeerde. Ik was niet al te zeer onder de indruk van zijn uiterlijk, want dat kwam niet overeen met mijn romantische droombeeld van mijn toekomstige echtgenoot. (Ik beantwoordde evenmin aan zijn ideaal.) Daarna vertrok ik, voordat ik naar Kameroen afreisde, naar Frankrijk om Frans te leren. In die periode hadden Walter en ik de gelegenheid om met elkaar te corresponderen en elkaar beter te leren kennen. Eenmaal terug in Duitsland vroeg hij mij of ik hem wilde bezoeken. Na dat bezoek namen we van elkaar afscheid op het station van Heidelberg en stapte ik in de trein terug naar Frankrijk en scheepte ik mij in Bordeaux in met bestemming Douala, Kameroen. De enige duidelijke richtlijn die we hadden toen we uit elkaar gingen, waren de woorden van onze dominee: „Een christen is iemand die kan wachten."

Terwijl Walter de geestelijke verzorging had van een grote gemeente in het Duitse Ludwigshafen, gaf ik Franse les, hielp ik de zieken en leerde ik de Fulani-taal in Noord-Kameroen. Elke week stuurde Walter me een blauw luchtpostvel, in het Duits beschreven. (Het is verbazingwekkend hoeveel Duits ik in die twee jaar leerde.) In een van zijn brieven schreef hij:

Geloof is een waagstuk met God. Leven is een waagstuk met God. Liefde is een waagstuk met God... Alles wat we nu ervaren zal de Heer op de een of andere manier gebruiken. Niets zal tevergeefs blijken. De lange duisternis die we nu meemaken zal een stralend licht worden; de scheiding zal een elkaar teruguinden zijn, mooier dan ooit. Ons getuigenis zal gezouten worden door de periode die we nu doormaken - deze periode van scheiding, van onzekerheid, van een voortdurend vechten in één bepaalde richting... Laten we werken alsof er geen liefde bestaat en liefhebben alsof er geen werk bestaat.

Op mijn verre zendingspost ervoer ik dat ik mijn diepste gevoelens als jonge zendelinge met Walter kon delen. Ik vertelde hem hoe moeilijk het was om de vrede te bewaren met mijn collega, een oudere, ongetrouwde vrouw. Ik had gehoord dat de zendeling zelf het grootste probleem voor de zendeling vormt. Nu moest ik dat erkennen en onder ogen zien. Walter bemoedigde mij in grote mate met het volgende:

We hoeven niet altijd te vliegen. Dat zou ons maar trots en overmoedig maken. Het is een teken van Gods genade dat Hij ons lasten geeft die ons klein maken. Alleen als we klein zijn kunnen we voor Hem werken. Als we waarachtig nederig zijn, maken zulke problemen ons niet onsuccesvol, maar juist succesvol. De lasten zijn als de gewichten aan een ouderwetse klok. Zonder de gewichten blijft de klok stilstaan. Denk aan 2 Korintiërs 4:7: „Maar wij hebben deze kracht in aarden vaten, zodat de kracht, die alles te boven gaat, van God is en niet van ons.”

Als we in Galaten 6:2 de opdracht krijgen om elkaars lasten te dragen, dan gaat het niet alleen om de lasten die deze andere persoon draagt, maar ook de last die hij zelf vormt.

Liefde op de proef gesteld

Als ik aan onze vroegste tijd samen terugdenk, herinner ik mij Walters advies aan jongelui die hem om raad kwamen vragen. Hoe konden ze hun liefde uittesten? Hoe konden ze te weten komen of ze rijp genoeg waren om de huwelijksgelofte af te leggen en te beloven om bij elkaar te blijven tot de dood hen zou scheiden? Als seks niet de toetssteen van de liefde is, wat is het dan wel? Dit is wat hij suggereerde:[2]

Ten eerste: *De deel-proef.* Echte liefde wil delen, geven, zich op anderen richten. Hoe vaak denk je niet als je iets leest: *Dit zou ik ook aan mijn vriend willen laten lezen?* Als je plannen maakt, is dan je hoofdmotief wat je zelf leuk vindt of waar de ander plezier aan zou beleven? De Duitse schrijver Herman Oeser zei het zo: ,,Wie zelf gelukkig wil worden moet niet trouwen. Waar het om gaat is dat je de ander gelukkig maakt. Wie begrip wil vinden, moet niet trouwen. Waar het om gaat is dat je je partner begrijpt."

Ten tweede: *De kracht-proef.* Echte liefde doet je krachten niet verminderen; je krijgt er juist nieuwe energie en kracht door. Liefde vult je met vreugde, maakt je creatiever, motiveert je.

Ten derde: *De respect-proef.* Echte liefde kan niet bestaan zonder respect, zonder dat je tegen de ander kunt opzien. Wat is je antwoord op de volgende vragen: Wil ik deze jonge man als de vader van mijn kinderen? Wil ik dit meisje als de moeder van mijn kinderen? Ben ik trots op mijn partner?

Ten vierde: *De gewoonte-proef.* Liefde accepteert de ander met al zijn gewoonten. Trouw niet op afbetaling, met het idee dat deze dingen later wel veranderen. Hoogstwaarschijnlijk zal dat niet gebeuren. Je moet de ander aanvaarden zoals hij nú is, met al zijn hebbelijkheden en onhebbelijkheden. Je moet jezelf afvragen: Houden we alleen maar van elkaar of vinden we elkaar ook aardig?

Ten vijfde: *De ruzie-proef.* Als een jong paar naar mij toe komt met plannen om te trouwen, vraag ik altijd of ze al een keer echt ruzie hebben gehad - niet een klein meningsverschilletje, maar een slaande ruzie. Het gaat daarbij niet om de ruzie, maar om de vraag of ze in staat waren zich weer te verzoenen. Daarin moet men zich, voor men gaat trouwen, oefenen. Niet seks, maar de ruzie-test is een goede ervaring vóór men trouwt. Kunnen we elkaar vergeven en aan de ander toegeven?

Ten zesde: *De tijd-proef.* Een jaar is het minimum. Twee jaar is waarschijnlijk veiliger. Er is een oud gezegde: „Trouw niet voordat je samen een zomer en een winter hebt doorgemaakt." Als je eraan twijfelt of je echt van iemand houdt, zal de tijd dat leren. Vraag jezelf: Heeft onze liefde een zomer en een winter doorstaan? Kennen we elkaar al lang genoeg? Trouw niet, als je nog twijfelt.

Seks is geen bewijs van liefde. Liefde is niet het gevolg van seks. Liefde ontwikkelt zich tot seks. Dit soort liefde is gebaseerd op vertrouwen en kameraadschap en vooronderstelt een vaste en duurzame relatie. Seks vóór het huwelijk kan een hinderpaal zijn voor echte liefde, omdat deze vaak gepaard gaat met schuld en pijn.[3]

Zeker zijn

Van twee dingen moest ik als volwassene zeker zijn: ten eerste dat ik een kind van God ben, en ten tweede dat God me heeft geroepen om de vrouw te zijn van Walter Trobisch. Het hield in dat ik mijn eigen dromen moest opgeven en toch betekende het de vervulling van veel meer dan ik ooit had durven denken.

We waren verloofd „op afstand": ik was nog in Kameroen en Walter was in Duitsland. We waren bijna twee jaar lang gescheiden en wat de afstand betrof lag er een continent tussen ons in. In een van mijn brieven aan Walter tijdens de periode van scheiding schreef ik:

> *Walter, ik wil je uitleggen waarom ik van je houd. Als ik me je voor ogen probeer te halen, zie ik hoe je je hand naar me uitstrekt. Ik vertrouw die hand, want het is de hand van een man op wie je kunt bouwen. Je loopt welis-*

waar altijd een beetje harder dan ik, maar zodra je merkt dat ik buiten adem raak en je niet kan bijbenen, sta je even stil. Je keert je om en reikt me je hand om me over de moeilijke plaatsen heen te helpen. Ik ben dan heel dicht bij je en je praat met me en troost me. Nooit steek je de draak met wat ik denk.

Wat doet een huwelijk slagen?

In de loop van de jaren zijn we meer en meer gaan inzien hoe wáár de woorden zijn van Genesis 2:24, dat een huwelijk gebaseerd is op drie fundamentele stappen: vader en moeder verlaten, elkaar in liefde „aanhangen" en één vlees worden.

1. *Vader en moeder verlaten*. De eerste definitieve stap, het verlaten, is een feit zodra de officiële huwelijksceremonie, de wettelijke procedure, is afgelopen. Als deze niet plaatsvindt, zoals we zo vaak zien als jonge mensen eenvoudigweg gaan samenwonen, zijn de verwarring en de narigheid die het gevolg zijn van zo'n „gestolen huwelijk" onontkoombaar. Hoe staat het bij voorbeeld met een kind dat binnen zo'n relatie wordt verwekt? En wat is de situatie als een vrouw door haar vriend in de steek wordt gelaten? Is zij dan „weduwe"?

Verlaten wil zeggen, dat de band die het jonge paar met hun ouders verbond, definitief wordt doorgesneden. Ik zal nooit vergeten wat Walters moeder tegen ons en onze gasten zei, toen we de avond voordat we trouwden in de woning van onze predikant bij elkaar waren. Klein van stuk als ze was, ging ze staan en zei zij, de woorden duidelijk beklemtonend: „Hierbij sta ik de eerste plaats in het leven van mijn zoon af en geef die aan Ingrid." Zij heeft woord gehouden.

Door de jaren heen zijn we steeds meer gaan beseffen hoe belangrijk deze stap is. Overal om ons heen zagen wij hoe huwelijken in de problemen raakten, omdat er geen sprake was geweest van „verlaten".

2. *Aanhangen*. Veel echtgenoten en echtgenotes hebben geen tijd meer voor elkaar. De man vergeet zijn vrouw te vertellen dat zij nummer één in zijn leven is. Hij geeft de indruk dat andere dingen belangrijker zijn: zijn werk, of misschien zelfs het kijken naar een voetbalwedstrijd. De vrouw gaat soms helemaal op in de zorg voor haar baby of in haar carrière. Het gevolg is een leeg huwelijk waarin de zaak helemaal vastloopt. Ik probeerde dit onder woorden te brengen toen Walter tijdens een lange reis eens weg was:

> *Ik onderga een totale verandering als ik helemaal één in geest, ziel en lichaam met je kan zijn. Die ervaring stelt me in staat om al de eisen van ons dagelijks leven aan te kunnen. Maar die ervaring miste ik in de tijd tussen je laatste reis en die waaraan je nu bezig bent. Je had het te druk. Ik voelde me steeds triester en neerslachtiger worden, tot ik het bijna niet meer kon uithouden. Het was moeilijk om je daarna te laten weggaan. Soms denk ik wel eens dat deze onvervulde wensen en verlangens die ik niet van mijn hart en ziel kan scheiden, een offerande, een soort brandoffer zijn, dat onze tijd samen des te vruchtbaarder maakt.*

Onze gevoelens te kunnen uiten is het geheim van in liefde elkaar „aanhangen". Wat een geweldige ervaring was het voor zowel Walter als mij toen we beseften dat gevoelens niet goed of fout zijn. Ze zijn er gewoon. Ik kon mijn gevoelens tegenover Walter uiten en in plaats van dat hij zich erdoor bedreigd voelde of in de verdediging kwam met woorden als: „Maar zo mag je je niet voelen," zei hij: „Ik snap het. Zo voel je je." Als ik mijn gevoelens op een rijtje kon zetten, kon hij mij helpen ze onder controle te houden en weer zicht op de dingen te krijgen.

Ik heb nog steeds de meditatie over de liefde in mijn bezit die Walter schreef toen we nog verloofd waren:

> *Wie liefheeft is niet langer alleen. Degene die hij bemint is altijd bij hem. Hij doet afstand van het recht om zelf in het middelpunt van zijn leven te blijven. Hij staat iemand*

anders toe daar te komen en beschouwt dat als zijn geluk. Hij doet afstand van zichzelf. Hij wordt leeg als een open hand, die niets vasthoudt, maar wacht tot er iets wordt ingelegd. Wie liefheeft, heeft de moed iemand te worden die iets nodig heeft.

De Zwitserse psychiater dr. Paul Tournier heeft het over een „gesprek tussen doven", als man en vrouw met elkaar proberen te communiceren door alleen maar te praten en niet te luisteren. Elk keert de ander een doof oor toe. Maar liefhebben betekent luisteren. Soms kunnen we niet naar onze partner luisteren, maar alleen naar wat we zelf uitschreeuwen. Vrouwen willen getroost worden, terwijl mannen begrip zoeken bij hun huwelijkspartner. Elk van beiden wil gehoord worden.

3. *Worden tot één vlees*. Lichamelijke liefde is het intiemste aspect in het leven van een gehuwd paar. Elke man is anders. Elke vrouw is anders. Daarom is elk paar dubbel-anders. Het plezier van de seksuele liefde stoelt voor een deel in dat unieke van elk paar. Het schept een enorme vrijheid om te bedenken dat, zoals Charlie Shedd het eens zei, „seks een opwarm-periode is van twintig jaar". Een man en een vrouw zijn pas echt vrij als ze verlost zijn van elke drang tot „presteren" en hebben geleerd hoe ze van de geneugten van fijne, ontspannen seks kunnen genieten! Ze hoeven niet met toeschouwers rekening te houden. Ze kunnen helemaal zichzelf zijn en van hun gevoelens genieten.

Toen God de mens naar zijn beeld schiep, maakte Hij hen als man en vrouw. Hij maakte Eva uit de rib van haar man en bracht haar tot hem. Is er een betere manier om te verklaren waarom man en vrouw er zo naar verlangen één vlees te zijn, dan dat zij uit één lichaam voortkwamen?

Geborgenheit in het huwelijk

Dat brengt mij tot het thema van *Geborgenheit* in het huwelijk. Ik heb mannen vaak geprobeerd uit te leggen dat het hart de belangrijkste erogene zone van de vrouw is. Alleen wat het hart bereikt (gewoonlijk via de oren) kan de vrouw in staat stellen om zich helemaal te geven in de lichamelijke vereniging en om haar man volledig te bevredigen.

Dr. Bovet vergelijkt de liefde van de man met een warme mantel. Zolang de vrouw zich door die mantel omgeven, zich erin gewikkeld voelt, kan zij zichzelf volledig, naar lichaam en geest en zonder voorbehoud, aan haar man geven. Om haar dat gevoel van geborgen-zijn te geven, moet de man leren dat het niet onmannelijk is om zijn gevoelens te uiten. Als zijn woorden en liefkozingen in overeenstemming zijn met de instelling van zijn hart, komt de boodschap: „Ik houd van je" duidelijk over.

Maar vaak kan een onvriendelijkheid, een verwijt of een scherp woord een gat in die mantel veroorzaken, waar de winden van ontevredenheid en vrees doorheen kunnen blazen. Gekwetstheid en boosheid nemen bij de vrouw dat gevoel van veiligheid en in liefde gewikkeld-zijn weg en maken het voor haar onmogelijk om zich helemaal in die lichamelijke eenwording te geven.

Zwijgen dicht deze gaten niet. Het is nutteloos om te proberen een gewond hart te repareren door „seks te bedrijven". Dat kan alleen door met elkaar te praten en eerlijk na te gaan waardoor men gekwetst werd, en door elkaar over en weer om vergeving te vragen. Boosheid die niet uitgepraat wordt kan „bevroren boosheid" worden, een veel voorkomende oorzaak van depressie.

Als een echtgenoot probeert de gaten in de mantel te dichten, herkrijgt zijn vrouw het diepe vertrouwen dat zo belangrijk is, wil zij zich helemaal kunnen geven. Zoals een vogel zich aan de lucht toevertrouwt en een vis aan het water, zal de vrouw in staat zijn zich geheel aan haar man toe te vertrouwen.

Deze mogelijkheid, zich geheel en al te kunnen geven, is haar grootste geheim. En om dat te kunnen moet zij eerst zichzelf aanvaarden en van zichzelf houden en oprecht blij zijn met haar vrouw-zijn. Dit vertrouwen in zichzelf en dit volledig bouwen op de beschermende liefde van haar man zal haar, in figuurlijke zin, in staat stellen van een hoge rots te springen, zonder de minste twijfel in haar hart dat haar man klaar staat om haar op te vangen. Het is net als leren duiken - een goede illustratie van wat een vrouw ervaart bij de liefdesdaad. Zij duikt zonder aarzeling in het diepe. Zij is niet bang, want zij weet dat haar liefdevolle echtgenoot wacht om haar met open armen te ontvangen.[4]

De man moet zich ook omgeven weten door de warmte van het lichaam van zijn vrouw om echte *Geborgenheit* te kunnen ervaren. Een pasgetrouwde man probeerde dat te zeggen met behulp van een verjaardagskaart die hij aan zijn vrouw gaf: „Er is maar één ding nog fijner dan je dicht bij me te hebben, en dat is dat je nog dichterbij bent."

Zelfbeklag

Medelijden met jezelf is vergif voor het huwelijk. Kent u ze ook, die mannen en vrouwen die altijd met zichzelf te doen hebben? Mensen die van iedereen medelijden vragen, als ze het gevoel hebben niet goed door hun partner te zijn behandeld? Pasgeleden sprak ik met een jong echtpaar dat in de problemen zat. De vrouw had de gewoonte zichzelf in de slaapkamer op te sluiten als haar gevoelens waren gekwetst. Zij redeneerde als volgt: „Als mijn man echt van mij houdt, heeft hij in de gaten dat ik mij gekwetst voel, zonder dat ik hem dat behoef te vertellen."

Er zat niets anders op dan haar de waarheid te zeggen. „Mijn lieve mens, die arme man van je heeft geen idee wat eraan schort. Hij houdt zielsveel van je, dat weet ik zeker. Maar je moet met hem praten als hij iets gedaan heeft (of vergeten heeft te doen) dat je pijn doet. *Een baby mag verwachten dat hij zonder woorden wordt begrepen, maar dat geldt niet voor een volwassen vrouw.*"

Het huwelijk - een mysterie

Ik ken een predikant die tegen de jongelui die met hun huwelijksplannen bij hem komen zegt: ,,Als je een idee wilt hebben van hoe je huwelijk zal worden, moet jij (en daarbij wijst hij dan naar de jongen) je voorstellen dat *jouw* vader getrouwd zou zijn met *haar* moeder." Daarna richt de dominee zich tot het meisje en zegt: ,,En probeer jij je nu voor te stellen dat *jouw* vader getrouwd zou zijn met *zijn* moeder." Een interessante reactie blijft nooit uit!

Er bestaat niet zoiets als een volmaakt huwelijk. De onvolkomenheden van het huwelijk zorgen ervoor dat we nederig blijven. De zekerste manier om nederig te worden ten aanzien van je eigen deugden, is te trouwen. Zelfs wanneer iemand bewust heeft geprobeerd de leefwijze of de persoonlijkheid van zijn ouders af te schudden, blijft een sterke invloed bestaan. We zijn allemaal kinderen van onze ouders. Dat is het onbewerkte materiaal dat wij bij ons huwelijk meebrengen. Op hun trouwdag heeft het bruidspaar als het ware twee stapels onbewerkt bouwmateriaal en een stuk grond en uit die twee stapels moet een huis worden gebouwd. Dat is een zwaar karwei. Het betekent dat je je partner met al zijn ongepolijste kanten moet aanvaarden.

Het huwelijk is geen einddoel, maar een reis. Maar behalve het verlaten, het ,,aanhangen" en het één vlees worden, zoals we hierboven beschreven, is het huwelijk een mysterie. Mike Mason schrijft in zijn *The Mystery of Marriage* (het geheim van het huwelijk):

> Liefde doet twee mensen geloven dat zij de grootste romance aller tijden beleven; dat er nooit eerder twee mensen zijn geweest die zo van elkaar hielden en dat zij bereid zijn om alles op te offeren ten einde dat te bewijzen. Het huwelijk is de nuchtere dimensie van de romantiek, de vertaling van een romantisch ontwerp in kostbare realiteit.[5]

De apostel Paulus schreef dat het huwelijk een groot ,,geheimenis" is, ,,Doch ik spreek met het oog op Christus en op de gemeente" (Efeziërs 5:32). Het huwelijk is als in een spiegel kijken. Als we naar de liefde van Christus kijken, krijgen we een beeld van hoe God wil dat man en vrouw samenleven. En als zij samenleven naar Gods wil, wordt hun huwelijk de spiegel die Gods liefde weerkaatst. Voorwaar, een groot ,,geheimenis".

Het aanboren van uw verborgen kracht

1. Wat betekent voor u de opvatting van de schrijfster dat het huwelijk een roeping is?

2. Als u nog ongetrouwd bent en verkering hebt: Hoe doorstaat uw liefde de zesvoudige proef die in dit hoofdstuk wordt beschreven? Als u getrouwd bent: Hoe komt uw huwelijk er in de eerste vijf onderdelen van deze proef vanaf? In welke opzichten is verbetering wenselijk? Noem drie specifieke voornemens die de zwakke aspecten van uw liefde zouden kunnen versterken.

3. Bestudeer nog eens de drie essentiële aspecten van het huwelijk volgens Genesis 2:24. Volgens een bekend spreker kunnen praktisch alle huwelijksproblemen op een veronachtzaming van deze drie beginselen worden teruggevoerd. Bent u het daarmee eens of niet? Waarom?

4. De schrijfster stelt: ,,Het huwelijk is geen einddoel, maar een reis." Wat zou dat moeten betekenen voor jonge mensen die vandaag de dag willen trouwen?

HOOFDSTUK 7

Kinderen krijgen

Hoe gezinsplanning een huwelijk sterker maakt

Als ik op mijn leven terugblik, besef ik dat ik het meeste heb geleerd van mijn kinderen - en dat ik nog steeds van hen leer.

De eerste les die ik moest leren, was dat ik wellicht nooit kinderen zou hebben, maar dat een huwelijk ook vervuld en volledig kan zijn als men geen kinderen heeft. De drieledige definitie van het huwelijk in Genesis 2:24 maakt geen melding van kinderen. Kinderen zijn een zegen van God, maar ze zijn een bijkomende zegen.

Vandaag de dag heeft één op de vijf echtparen moeilijkheden bij de conceptie van een kind of tijdens de zwangerschap. Een generatie geleden was dat nog één op elke tien. Er zijn heel wat oorzaken voor deze toename, met name op lichamelijk vlak, zoals het uitstellen van kinderen krijgen en het langdurig gebruik van orale anticonceptiemiddelen (de „pil"). Dr. Rudolff Vollman, één van de meest gezaghebbende experts op het gebied van de menstruele cyclus, zegt dat „de pil" gebruiken ongeveer hetzelfde is als „een vlieg doodslaan met een moker".

Ik geloof dat het mooiste moment in het leven van een man en een vrouw is als zij bewust proberen een nieuw leven te verwekken. Zij zijn op dat moment één met hun Schepper. En met de wetenschappelijke gegevens die ons ter beschikking staan, kunnen we nu ook, geloof ik, echtparen leren hoe ze de vruchtbare periode van de vrouw kunnen herkennen en daarop samen kunnen inspelen. Dat is in het huwelijk een belangrijke bron van verborgen kracht en het is de moeite van het bestuderen meer dan waard. Zie voor meer bijzonderheden over vruchtbaarheid mijn boek *Met vreugde vrouw zijn* (Ned. vertaling van *The Joy of Being a Woman;* Uitgave Kok Voorhoeve, Kampen; 9e druk 1989).

Een jong paar dat tien jaar lang met kinderloosheid had geworsteld, kon plotseling een kind adopteren. De moeder gaf uiting aan haar vreugde in een brief aan haar zoontje. Het is een ontroerende ontboezeming van iemand die niet zelf een kind kon krijgen. Zij is zo vriendelijk geweest mij toestemming te geven deze brief met u te delen:

Kleintje,
Hoe kostbaar ben je voor ons.
Je bent een wonder, weet je dat?
Besef je dat je ademaling,
je bewegingen,
je heldere oogjes en je lach
bewijzen zijn van de goedheid van de God die jou het leven gaf?
Elke dag zijn wij vol eerbied en ontzag
omdat je bij ons bent -
van ons bent -
bij ons gezin hoort.
Je bent bij ons gekomen op een onvoorspelbare,
onvoorziene manier
wij hebben dat niet gepland.
God kende jou vanaf het begin en heeft je bij je geboorte beschermd. Hij heeft je het leven geschonken en heeft gewild dat je op deze manier bij ons zou komen, zonder enige poging van onze kant om je te krijgen, behalve ons bereidwillig „Ja, we nemen hem!"

Kleintje,

We hebben je met grote blijdschap verwelkomd;
onze ideeën over adoptie zijn helemaal in de war gestuurd.
Wij zijn er zeker van dat jouw glimlach
onze blijdschap met jou weerspiegelt.

Maar, kleintje,

Zul je ooit begrijpen waarom we zo blij zijn?
De reden is dat we eerst zo bedroefd waren.

Zul je eens onze tranen begrijpen, ons gekwetste hart, onze wanhoop en moedeloosheid, omdat we kinderloos waren in een wereld vol mensen die gemakkelijk kinderen kunnen krijgen?

Zul je eens de harde werkelijkheid begrijpen van een steeds weer terugkerende maandelijkse frustratie van een onvolmaakt lichaam, dat niet doet wat het behoort te doen toen we erop rekenden dat we nakomelingen zouden kunnen krijgen?

Zul je ooit een idee hebben van de medische, financiële, sociale en emotionele problemen die we verkozen te ondergaan, terwijl we God er steeds aan herinnerden dat wij beschikbaar waren, als Hij via ons nieuw leven wilde scheppen?

Zul je ooit die knagende twijfel voelen, zelfs als we samen spelen, dat je misschien nooit een broertje of zusje als speelkameraadje zult hebben, omdat adoptie tegenwoordig niet bepaald eenvoudig is en omdat er voor ons, medisch gezien, niet veel hoop is?

Kleintje,

Zul je ooit helemaal begrijpen hoe graag we je wilden hebben?

Kleintje,

We worstelen nog steeds met deze beproeving van onvruchtbaarheid - zelfs als we je vasthouden en knuffelen; nog steeds behoren we niet tot de categorie van de vruchtbaren. Maar, door Gods genade, zijn we wel jouw ouders geworden.

Jij bent het „vleselijke" bewijs dat God „alle dingen laat medewerken ten goede voor wie Hem liefhebben en die naar zijn voornemen geroepen zijn", om ons te vormen naar de „gelijkenis van zijn zoon".

Zijn uiteindelijke bedoeling voor ons is niet dat we vruchtbaar zijn en ouders worden.
Zijn bedoeling is dat we worden zoals Jezus.
Jij, kleintje, zult in elk geval door God worden gebruikt om ons te leren meer op Jezus te gaan lijken.
Jij hebt ons nu al een dimensie van die liefde getoond die we niet voor mogelijk hielden.

Wij zijn dankbaar en verrukt dat je er bent.
Wij zijn ons ook bewust van het onbekende dat we in onze relatie met jou zullen vinden.

Genade heeft je bij ons gebracht,
door genade zullen we, elk van ons, verdergaan
om voor jou te zorgen en in Jezus' naam van je te houden.

Kleintje,
Zul je eens de volle reikwijdte vatten van Gods genade die in jouw komst in ons gezin ontvouwd werd?

Kleintje,
Zul je eens de volle reikwijdte vatten van Gods oneindige genade in zijn bereidheid om je in zijn gezin te adopteren?

Het is een wonder dat je van ons bent...
maar een nog groter wonder dat je de zijne kunt zijn.

Het wonder van de bevalling

Walter en ik hadden het erg moeilijk met het oordeel van de artsen die ons niet veel hoop gaven dat we kinderen zouden krijgen. Maar ik vond een enorme troost in het verhaal van Hanna in 1 Samuël 1 en 2. Hanna was vasthoudend in haar gebeden en wist niet van opgeven. Haar lofprijzing, *Mijn hart juicht in de Here,* werd zelfs door Maria herhaald, toen ze wist dat ze de moeder van onze Heiland zou worden.

Ik heb in mijn Bijbel dat korte zinnetje van 1 Samuël 2: 21 onderstreept: ,,En de Here sloeg acht op Hanna, zodat zij zwanger werd en nog drie zonen en twee dochters baarde." Ik was bijna dertig toen ons eerste kind, Katrine, werd geboren. Na haar geboorte gaf God ons de vreugde om nog eens drie zoons, Daniël, David en Stephen, en onze jongste dochter Ruth, te krijgen.

,,De bevalling moet het uur zijn waarin de waardigheid van de vrouw het meest tot uiting komt," zei dr. Pierre Vellay, een pionier op het gebied van de natuurlijke bevalling. ,,Het moet een wezenlijke stap vooruit zijn, niet alleen wat de verlossing van de vrouw aangaat, maar wat de bevrijding van zowel man als vrouw betreft."

Waar Walter en ik ook studiebijeenkomsten hielden over een gelukkig gezinsleven, altijd legden we grote nadruk op een natuurlijke bevalling, met een actief aandeel van de man, als een weg tot emotionele en geestelijke verrijking in het huwelijk. Een echtgenoot schreef, nadat hij zijn vrouw tijdens de periode van de weeën had bijgestaan en bij de geboorte van hun kind aanwezig was geweest: ,,De vreugde van dat moment zal ik nooit vergeten, ook al word ik honderd jaar!"

,,Geniet van je bevalling!" is de leus van een organisatie van echtparen in de Los Angeles-regio. Als men zich de ervaring van de gehele bevalling met blijdschap blijft herinneren, zal dat gevolgen hebben voor de houding van de ouders ten opzichte van hun kind.

Doula - moeder van moeders

Ik heb in Duitsland een goede vriendin die, na twee jaar getrouwd te zijn geweest, weduwe werd. Reinhild heeft nooit zelf een kind gekregen. Tijdens mijn eerste zwangerschap schreef zij mij elke week. Hoewel er een continent tussen ons lag (ik was op een zendingspost in Noord-Kameroen), voelde ik in die tijd haar liefdevolle steun. Ik vroeg haar eens: „Hoe leer je anderen lief te hebben?"

Haar antwoord was: „Door je open te stellen voor de liefde van anderen."

Er is geen andere periode in haar leven waarin een vrouw daaraan zoveel behoefte heeft als in de maanden van haar zwangerschap, het moment van de bevalling, de tijd dat zij borstvoeding geeft en vervolgens tijdens de jaren dat ze haar handen vol heeft aan haar kleine kinderen. Ik vind het woord *doula* een prachtige term voor dat soort hulp. Het is afgeleid van het woord *doulos* dat „slaaf" betekent. In dit geval is *doula* een passende uitdrukking voor iemand die „moeders bemoedert". Ik was erg dankbaar voor de steun van mijn man, maar ook voor die van Reinhild, mijn Duitse vriendin, die in mijn leven de rol van *doula* vervulde, niet alleen tijdens mijn eerste zwangerschap, maar ook tijdens alle andere daarna. Haar liefde was een zichtbare representatie van Christus' liefde, op een moment dat ik die het meeste nodig had.

Het doet me goed te horen dat er actieve gemeenten zijn waar oudere vrouwen de jonge moeders „bemoederen". De oudere vrouw zorgt de eerste kritieke dagen, nadat de jonge moeder met haar baby is thuisgekomen, voor het eten, en eens per week helpt zij de nieuwe moeder „even ademhalen" doordat zij op de kinderen komt passen terwijl de jonge moeder uitgaat.

Kortgeleden werd ik uitgenodigd om een actieve vrouwengroep toe te spreken die de tweede dinsdag van elke maand bijeenkomt. Een aantal oudere dames zorgt voor de kinderen en voor de lunch, terwijl de jongere vrouwen zich ongestoord aan bijbelstudie en discussie kunnen wijden. Als de jongere vrouwen na de lunch met hun kinderen vertrekken, houden hun oudere zusters hun bijbelstudie. Onnodig te zeggen dat dit een groeiende gemeente is.

Maarten Luther zei eens: „Als je een kind ziet, zie je Jezus Christus." Zei Jezus zelf niet: „Een ieder, die zulk een kind ontvangt in mijn naam, ontvangt Mij" (Matteüs 18:5)? De hoofdman van de fiere Chagga-stam, die op de hellingen van de Kilamanjaro woont, waar ik werd geboren, hield zijn mannen voor: „Zorg goed voor een zwangere vrouw. Zij is de belangrijkste persoon in onze stam." Wat zou het voor onze maatschappij betekenen als we dat advies zouden opvolgen?

Onderhoudsbeurt voor moeders

Kort geleden las ik in het mededelingenblaadje van een gemeente een artikeltje met de titel „Onderhoudsbeurt voor moeders". Ik wil de inhoud graag, met toestemming van de schrijver, met u delen. William E. Keller schreef:

> Velen van ons zorgen beter voor onze auto's dan voor onze moeders. Toch gaan we ervan uit dat een auto maar vijf tot zes jaar hoeft mee te gaan, terwijl we verwachten dat een moeder het een heel leven lang uithoudt. Misschien hebben we een onderhoudshandboek voor moeders nodig, zodat we weten hoe we voor ze moeten zorgen en ze minstens zo goed als onze auto onderhouden.
>
> *Motor:* De motor van een moeder is van het betrouwbaarste type dat je kunt vinden. Vanuit een liggende houding is ze na één enkel geluidje van een slapend kind meteen op topsnelheid. Maar om zo'n topprestatie te kunnen volhouden, zijn regelmatige rustpauzes nodig. Moeders hebben elke 100 kilometer een heet bad en een dutje nodig, elke 1000 kilometer een babysitter en een avondje uit en elke 10.000 kilometer een babsysitter die blijft logeren om de moeder één volle week vakantie te geven.
>
> *Accu:* Moeders accu moet regelmatig worden opgeladen. Zelfgemaakte knutseltjes, briefjes, onverwachte omhelzingen en kussen en een steeds herhaald „Ik houd van je" zorgen daar prima voor.

Carburateur: Als de carburateur van een moeder overloopt, moet dat onmiddellijk met een zakdoek en een zachte schouder worden verholpen.

Remmen: Zorg ervoor dat ze dikwijls haar remmen gebruikt om het wat kalmer aan te doen en af en toe helemaal tot stilstand te komen.

Brandstof: De meeste moeders hebben lange tijd voldoende aan koffie, kliekjes en een salade, maar af en toe een etentje in een goed restaurant zal haar efficiency aanzienlijk verhogen.

Chassis: Moeders functioneren optimaal als hun lichaam in goede conditie blijft. Ze moeten worden aangespoord om regelmatig lichaamsbeweging te nemen en er moet voor worden gezorgd dat ze die ook inderdaad *kunnen* nemen. Een ander kapsel of andere make-up in voorjaar of herfst is ook aan te bevelen. Zodra er tekenen zijn dat het chassis begint door te zakken, moet ogenblikkelijk een wandel-, jogging-, zwem- of fietsprogramma worden gestart. Het beste resultaat wordt behaald als ook de vader daaraan meedoet.

Het aanboren van uw verborgen kracht

1. Bent u het met de schrijfster eens dat ook een huwelijk zonder kinderen volledig kan zijn. Waarom wel of waarom niet?

2. Maak een lijstje van ten minste zes dingen die een moeder in emotioneel opzicht nodig heeft tijdens haar zwangerschap en tijdens het eerste jaar van haar moederschap.

3. Heeft de kerk waartoe u behoort een programma om moeders te ,,bemoederen"? Noem zes manieren waarop u en uw vriendinnen jonge moeders in uw kerk of in de buurt waar u woont zouden kunnen helpen. Praat met uw predikant over de mogelijkheid om als onderdeel van de activiteiten in uw gemeente een *doula*-programma op te zetten.

HOOFDSTUK 8

Tijd voor anderen en tijd voor je gezin

Gods vragenlijst - tien geboden die om nader onderzoek vragen

Een vriend vroeg Walter in diens laatste levensjaar eens: „Als je het allemaal nog eens zou kunnen overdoen, wat zou je dan anders doen in je privé-leven en in je werk?"

„Ik zou mijn huis meer afschermen," antwoordde hij. Hij legde uit wat hij bedoelde: „Ik zou niet meer die druk op mijn gezin leggen om steeds mensen die mijn hulp zoeken in hun midden op te moeten nemen."

Het leek wel of we altijd een enorme familie hadden. Er waren maar weinig maaltijden waarbij we geen gasten hadden. Heel wat levens werden hierdoor veranderd, maar het was voor mij soms nauwelijks op te brengen. En voor onze kinderen was het ook niet gemakkelijk, hoewel het vaak ook hun schoolkameraadjes waren die ons gezin vergrootten.

Soms waren wij de gasten en ervoeren anderen datzelfde probleem. Ik herinner mij een klein meisje, het dochtertje van een gastvrije Duitse predikant en zijn vrouw, dat op het moment dat we met eten klaar waren tegen haar vader zei: „Met Kerstmis eet er toch niemand bij ons, hè papa? Dat heb je beloofd, dat weet je toch nog wel?" Ik wist precies hoe zij zich voelde.

Als ik nu terugkijk, ben ik echter ontzettend dankbaar dat onze deur altijd openstond en dat we als gezin de vreugde van de gastvrijheid kenden. Wij werden er rijker door en ongetwijfeld hebben we soms, zonder dat we dat beseften „engelen" op bezoek gehad, zoals Hebreeën 13: 2 ons voorhoudt. Soms, wanneer iemand zich opnieuw aan Christus overgaf of als een jong echtpaar nieuwe kracht vond om te proberen iets van hun huwelijk te maken, daalde in ons kleine huis op de Lichtenberg de hemel op ons neer. Datzelfde gebeurt nog steeds wanneer ik mijn huis, *Geborgenheit*, in de Ozarks voor anderen openstel.

Nog onlangs werd ik er opnieuw bij bepaald hoe belangrijk het is je huis open te stellen, toen ik een stukje herlas in mijn „bomen-album", een boekje waarin ik plaatjes van bomen verzamel, met gedachten die daarbij in me opkomen. Een jonge Amerikaanse vrouw, die nét een periode in Taiwan had afgesloten, waar ze Engels aan de universiteit doceerde, bezocht ons op de Lichtenberg. Zij schreef:

> *Ik denk niet dat jullie beseffen hoeveel het voor mij heeft betekend om bij jullie te logeren - met jullie in jullie huis te verblijven. Misschien hebben jullie dat al eerder gehoord, maar het huis op zich schijnt al een zekere vrede en warmte uit te stralen.*
>
> *De Heer weet altijd waar we zijn - zowel in lichamelijk als in geestelijk opzicht - en Hij weet wat we nodig hebben. Maar wat nog belangrijker is: Hij weet daaraan tegemoet te komen.*
>
> *Het afgelopen jaar leek het wel alsof ik mij in een woestijn bevond, met alleen wat water en een voorraadje voedsel dat ik verzameld had voordat ik aan de reis begon. God had me gewaarschuwd dat het geen gemakkelijke tocht zou worden. Hij voorzag me van alles wat ik nodig had en zei tegen me: „Als alles op is, heb je alleen Mij nog."*
>
> *Maar toen ging ik naar Taiwan. En wat was die woestijn droog en eenzaam, en vol kuilen, zand, onkruid en onge-*

dierte! Ik weet nu wat het betekent een overvloed aan water te missen. Het moeilijkste was dat ik niet wist of ik ooit weer groene oases zou tegenkomen.

Hoe kon ik ooit hebben getwijfeld aan Gods liefde en genade? Ik kon niet vermoeden dat ik aan het einde van deze reis rechtstreeks in een oase zou belanden - de Lichtenberg. Het eten, de rust, het water, het koele windje - wat deed die oase me ontzettend goed! Ik vond het heerlijk om naar je te luisteren - want waar het ook maar over ging, elk woord gaf me stof tot nadenken. Ik geloof niet dat ik ooit in zo weinig tijd zoveel geleerd heb, niet alleen over de waarheid en over andere mensen, maar ook over mijzelf. Wat is de taak die God voor mij heeft?

Zeg mij één ding, Ingrid, waren al jouw prachtige, kostbare bloemen vroeger ook alleen maar onkruid?

De risico's van gastvrijheid

Een paar dagen achtereen gasten in ons huis opnemen had ook zo zijn risico's. Ik herinner mij een jonge vrouw van eind twintig die ons schreef dat ze hulp nodig had. Op een dag zei Walter tegen mij: ,,Het wordt tijd dat we Mirjam [dit is niet haar echte naam] uitnodigen om te komen logeren. Een paar persoonlijke gesprekken zullen haar goed doen. Vind je het goed?"

Ons huis barstte al uit zijn voegen met onze kinderen en Mutti, Walters moeder, die inmiddels invalide was en voortdurend verzorging nodig had. Het was dan ook met enige aarzeling dat ik ermee instemde dat we Mirjam zouden uitnodigen. Maar ze kon de logeerkamer van onze buren gebruiken en dan bij ons komen eten.

Mirjam arriveerde. Hoewel zij lerares was en veel kinderen had geholpen, had ze zelf weinig hulp ontvangen. Walter deelde zijn werkschema zo in dat hij elke dag vóór het middageten een uurtje voor haar beschikbaar had. Hij gaf haar stukken op om te lezen (wij geloofden beiden heel sterk in bibliotherapie) en zij worstelde met haar geloofsvragen en haar persoonlijke toewijding. Toen ik op een dag iedereen voor het eten riep, kwam Mirjam niet.

,,Walter, is zij ziek?" vroeg ik.

,,Niet echt," zei hij, ,,maar het is misschien beter als je haar eten op een dienblad bij haar brengt. Zij heeft je wat te vertellen."

Wij beëindigden de maaltijd. Ik maakte het dienblad klaar en klopte op Mirjams deur. Zij was in tranen.

,,Wat is er aan de hand, Mirjam," vroeg ik.

,,Iets verschrikkelijks."

,,Kun je het me vertellen?"

Zij gooide het eruit: ,,Mevrouw Trobisch, ik ben verliefd op uw man."

Ik had heel erg met Mirjam te doen. Zij behoorde tot een generatie Duitse meisjes die na de Tweede Wereldoorlog zonder vader was opgegroeid. Als gevolg van het feit dat zoveel mannen in de oorlog waren gesneuveld, was er één man per zeven vrouwen. Andere meisjes groeiden op met kille, afstandelijke vaders. Walter, een echte vaderfiguur, had haar au sérieux genomen, naar haar problemen geluisterd, haar zelfvertrouwen gegeven en haar complimentjes gemaakt. Het was bijna een onderdeel van het genezingsproces dat haar gevoelens van genegenheid in zijn richting gingen - om vandaar, uiteindelijk, hun weg naar de hemelse Vader te vinden. Ik had datzelfde meegemaakt in mijn eigen strijd als vaderloze tiener.

Ik was in staat Mirjam te kalmeren en te zeggen: ,,Ik begrijp hoe je je voelt, Mirjam. Ik houd ook van Walter."

Mirjam en ik werden daarna goede vriendinnen en toen

het moment van haar vertrek was aangebroken, vroeg zij: „Mag ik nog blijven om wat te helpen? Ik heb nog een paar vrije dagen voordat het nieuwe schooljaar begint en ik zie hoe druk u het hebt."

Ze wisselde ons af bij het waken bij Mutti en een paar uur voor Mutti vredig insliep, was ze nog even bij haar. Mirjam bleef daarna en hielp ons bij de voorbereidingen voor de begrafenis.

„Ik ben nu niet bang meer voor de dood," zei Mirjam, „want ik heb gezien hoe een christen sterft."

Omdat Walter zijn gezinsleven en zijn werk niet strikt gescheiden had gehouden, was Mirjam in staat verder te komen en een rijpe christenvrouw te worden met haar eigen, van Godswege opgedragen taak.

Tijd - kwantiteit of kwaliteit?

Maar hoe zit het met de kinderen? Hoe vinden we genoeg tijd voor hen als we altijd maar bezig zijn met schrijven en lezingen houden? Wij hadden geen magische formule - zoals degenen die onderscheid maken tussen de **intensiteit** van de momenten die men samen doorbrengt en de **hoeveelheid** tijd die men samen is. Ik ben ervan overtuigd dat kinderen heel wat tijd van ons nodig hebben. Daarom vond ik dat mijn kinderen, als baby en kleuter, de hoogste prioriteit konden laten gelden en ik deed mijn uiterste best om voldoende tijd voor ze te hebben. In de periode van borstvoeding leerde ik met elk van mijn kinderen als „team" samenwerken. Die fundamentele eenheid die in die eerste maanden tot stand kwam, bleef in de kinderjaren en zelfs daarna bestaan.

Toen onze kinderen op school zaten en na de dood van Mutti, vergezelde ik Walter elk jaar op één van zijn reizen naar Afrika. Dat betekende een scheiding van de kinderen en dat probeerden we goed te maken door 's zomers kampeertochten voor het gehele gezin te organiseren. Wij hadden heel amusante ervaringen tijdens onze reizen met twee Volkswagen kevers, met twee tenten en heel de kampeeruitrusting voor zeven personen. We gingen zelfs met de hele familie naar Zweden, waar we mijn Zweedse oorsprong probeerden na te gaan. Wonder boven wonder waren we, toen we thuiskwamen, nog steeds vrienden.

Niet zo lang geleden hoorde ik een gesprek tussen mijn zoon Stephen en zijn oom, een predikant met een pastoraat in een grote plaats. Stephen klaagde: „Toen ik klein was, waren mijn ouders altijd op reis."

Zijn oom antwoordde: „Stephen, ik ging nooit op reis, ik was altijd thuis. Maar voor mijn kinderen was ik er nooit. Als jouw ouders thuis waren, dan waren ze er ook echt!"

Ik zeg vaak tegen mijn kinderen dat we deden wat we konden. Zij hebben van onze fouten kunnen leren en kunnen het nu beter aanpakken.

Verlangen naar Geborgenheit

Ik vroeg een jongen van Stephens leeftijd, die zowel op school als thuis met problemen kampte: „Waar voel je je echt veilig en op je gemak? Waar voel je echte *Geborgenheit*?"

„In mijn Volkswagen kever," zei hij zonder aarzeling. „Dat is de enige plaats waar ik mij echt fijn en *geborgen* voel. Dat is echt van mij."

Mijn jongste dochter, Ruth, begon te beseffen dat ze behoefte had aan *Geborgenheit* en zekerheid. Tijdens een kerstvakantie vertelde ze me dat ze tweeëntwintig vrienden had uitgenodigd om bij ons Oud en Nieuw door te brengen. Zij wilden een paar dagen samen doorbrengen, hadden de maaltijden al gepland en voor slaapplaatsen gezorgd - sommigen sliepen op boerderijen in de omgeving. Voor hun discussies konden ze in onze woonkamer op de vloer zitten. „Het zal allemaal heus wel gaan, mam," zei ze enthousiast, „zolang jij en ik maar allebei kalm blijven."

„Waar gaan jullie over praten?" vroeg ik.

Ik was blij verrast toen Ruth antwoordde: „Over *Geborgenheit*. Eigenlijk was het Stephens idee. Hij is dan wel mijn broer, maar hij is toch behoorlijk slim. Volgens hem zijn alle jongelui daarnaar op zoek, naar een plaats waar ze zich veilig voelen."

Het werd een fantastisch weekend. Walter was niet thuis, omdat hij moest spreken tijdens een groot jeugdcongres in Minneapolis. Maar Ruth vroeg haar oudste broer, Daniël, om te vertellen over zijn studie van prenatale psychologie, de genezing van geboortetrauma's en de herinneringen daaraan - en vooral over hoe deze kunnen worden voorkomen.

Ik zou vertellen hoe moeders hun kleine kinderen een gevoel van *Geborgenheit* kunnen geven. We moesten allemaal een schets maken van de plaats waar we ons *geborgen* voelden en van de plaats waar we ons *niet geborgen* voelden. Wat dat laatste betrof maakte ik een tekening van mijn overvolle bureau.

De jongelui stuurden mij ogenblikkelijk naar mijn werkkamer om mijn bureau op te ruimen, want, zeiden zij: „We kunnen niet verdergaan als moeder zich niet beschut en *geborgen* voelt." Ik zal altijd dankbaar blijven voor hun inzicht. Deze paar dagen vormden een van die gelegenheden waarbij ons gezinsleven en ons werk in elkaar overvloeiden. Dank zij de inspanningen van mijn kinderen leerde ik mijn taak beter verrichten. Ik heb ontdekt dat ik, steeds wanneer ik een belangrijke slag moet leveren voor het Koninkrijk van God, in mijn innerlijk en vervolgens om mij heen, moet beginnen met orde te scheppen.

Innerlijk op orde

Om innerlijk op orde te geraken doen we er goed aan in Gods spiegel - de Tien Geboden - te kijken. Dominee Herbert Fuchs, die Walter en mij trouwde en Walters mentor en raadgever was, vertaalde de Tien Geboden in moderne woorden en noemde ze „Gods vragenlijst." Hier is de vertaling:

1. Wie of wat is voor jou belangrijker dan God? Waar denk je het eerst aan als je opstaat en wat is je laatste gedachte voor je gaat slapen?

2. Word je in je gedachten en daden beïnvloed door bijgelovige ideeën? Spelen waarzeggers, horoscopen, spiritisme en magie een rol in je leven en in dat van anderen om je heen?

3. Vraag je naar Gods wil als je plannen maakt en besluiten neemt? Neem je genoeg tijd om naar Gods Woord te luisteren? Of probeer je er door middel van werk en vermaak aan te ontkomen?

4. Met wie sta je op gespannen voet? Zijn er familieleden of anderen die je onverschillig laten, die je niet mag, of op wie je neerkijkt? Ben je bereid om verantwoordelijkheden te aanvaarden die buiten je directe persoonlijke levenssfeer vallen?

5. Is er iemand die je iets heeft misdaan en die je niet kunt vergeven, om vervolgens het probleem te vergeten? Probeer je anderen zowel met praktische dingen als met innerlijke problemen te helpen? Of zoek je alleen hulp voor jezelf?

6. Is Gods gebod je norm in seksuele aangelegenheden, niet alleen in je relaties met anderen, maar ook voor jezelf? Waar ligt de diepere oorzaak van het feit dat je op dit punt te kort schiet?

7. Heb je op onrechtmatige wijze iets voor jezelf genomen of iets dat je had geleend niet terugbezorgd? Wat bezit je dat je niet echt nodig hebt, maar waaraan anderen dringend behoefte hebben? Heeft God zijn deel van je inkomsten gekregen?

8. Tegen wie heb je gelogen? Over wie heb je willens en wetens, op onvriendelijke of onjuiste manier - in woord of geschrift - een oordeel uitgesproken?

9. Op wie ben je heimelijk jaloers vanwege zijn of haar uiterlijk, reputatie, positie, talenten of bezittingen? Kun je er blij om zijn dat iemand méér heeft dan jij? Of stemt het je bitter als je je met zo iemand vergelijkt?

10. Ben je bereid om alles te ontvangen als door God aan jou toevertrouwd, zelfs wat je niet begrijpt en wat niet met je wensen overeenstemt? Komen termen als „geluk gehad" en „pech gehad" in je woordenschat voor?

Toen ik deze vragen voor het eerst overdacht, schreef ik mijn antwoorden op elk van deze vragen op. Ik ging vervolgens naar een oudere dame, mijn gebedspartner, die mij geestelijke raad zou kunnen geven. Zij hield mij Christus' verzekering voor: „Wie tot Mij komt, zal Ik geenszins uitwerpen." Zij herinnerde mij ook aan de belofte van 1 Johannes 1:9: „Indien wij onze zonden belijden, Hij is getrouw en rechtvaardig, om ons de zonden te vergeven."

Ik vervolgde mijn weg met een nieuwe innerlijke kracht en een gevoel dat ik anderen kon helpen zoals ik zelf geholpen was. Walter en ik volgden deze richtlijn dikwijls om ons geestelijk leven op orde te brengen. En behalve dat we deze beginselen zorvuldig overwogen, maakten we ook het in orde brengen van wat we verkeerd hadden gedaan tot een belangrijk onderdeel van het „repareren van de afgesneden telefoonlijnen" in onze communicatie met God. Daardoor kregen de andere dingen ook weer hun vaste plaats.

Gesprekken aan tafel

Een van de belangrijkste invloeden in het leven van een kind is de conversatie rond de eettafel. In Oost-Duitsland hebben we een keer de stad Wittenberg bezocht. Daar hebben we het huis van Maarten Luther bezichtigd, waar hij en zijn gezin vaak de maaltijden deelden met studenten. De gesprekken die daarbij plaatsvonden, zijn opgetekend in Luthers *Tischreden* (Tafelgesprekken). Deze hebben ongetwijfeld in belangrijke mate bijgedragen tot de geestelijke vorming van die studenten.

Waar praat u tijdens het eten over? Er zijn ouders die de tijd aan tafel gebruiken om hun kinderen correcte tafelmanieren bij te brengen. Dat is goed, maar niet voldoende.

Toen ik kind was, las mijn vader elke avond na het eten voor uit een boek met bijbelse verhalen. Daarna zongen we samen, gaven elkaar de hand en zeiden samen ons avondgebed. Wij leerden als gezin wat mijn ouders eerst samen in de praktijk hadden gebracht: *één van geest tot God te komen*. Dat is *de* manier om je kinderen te helpen *Geborgenheit* zijn diepste wortels te geven.

Tijdens een discussieweekend voor Amerikaanse militairen en hun gezinnen in Engeland, sprak ik over het belang van onze gesprekken aan tafel. Een nog ongetrouwde luchtmachtpiloot kwam na afloop naar me toe en zei: ,,Ik kan me niet herinneren dat wij, toen ik nog kind was, ooit als gezin bij elkaar zaten. Er was altijd wel wat in de keuken te vinden om te eten, maar we zaten nooit gezellig met ons allen bij elkaar."

Ik glimlachte, raakte zijn hand en zei: ,,Nu weet je dat je het, als je straks zelf getrouwd bent, anders moet aanpakken."

Een gezin moet samen ook veel kunnen lachen en spelletjes doen. Er is, voor zover ik weet, niets dat de spanning, die onvermijdelijk is waar mensen onder één dak wonen, beter kan ontladen dan dat. Een tiener die met zijn ouders (goede vrienden van ons) overhoop lag, zei op een keer tegen ze, toen ze aan tafel zaten: ,,Als we met z'n allen niet zoveel zouden lachen, zou ik het bij jullie niet uithouden." Liefde en humor houden ons bij elkaar.

Jonathan Edwards, de grote theoloog uit de koloniale tijd, zei eens: ,,Elk gezin moet een klein kerkje zijn, toegewijd aan Christus en helemaal doordrenkt en gestuurd door zijn regels." Ten minste één bijbels echtpaar wist hun werk en hun gezinsleven op succesvolle wijze aan elkaar te koppelen. In 1 Korintiërs 16:19 zegt Paulus tegen de gemeente te Korinte: „Vele groeten in de Here van Aquila en Priscilla en van de gemeente bij hen aan huis."

Spanning tussen werk en gezin

Kortgeleden was ik op de begrafenis van een goede vriend die zijn kerk als zendingsleider had gediend. Zijn dochter vertelde dat hij haar wekenlang dagelijks had bezocht toen ze van een ernstige operatie herstelde. „Na een zware dag op kantoor reed hij honderd kilometer," zei zij, „maar hij kwam trouw. Zijn kinderen waren deel van zijn pastorale werk."

Een van zijn zoons, die nu in zijn voetsporen volgt, zei het zo: „Er was nooit enig conflict tussen zijn werk en zijn gezin."

Als we dat maar konden leren, dat ons gezinsleven en ons werk voor anderen elkaar niet hoeven te beconcurreren. Er is tijd voor beide. Zoals we onze kinderen moeten leren dat ze hun incasseringsvermogen moeten vergroten en niet mogen verwachten dat elke wens onmiddellijk ingewilligd kan worden, moeten wij ze ook leren hoe ze hun gezin en hun werk voor anderen in evenwicht kunnen houden.

Mijn goede vriendin Becky Pippert heeft de noodzaak daarvan ingezien en heeft haar oplossing gevonden. Zij is echtgenote en moeder en daarnaast houdt ze lezingen en is ze schrijfster. In een vraaggesprek in het blad *Partnership* (juli/augustus 1987)[1], zei zij: „Mijn grootste probleem als moeder is om prioriteiten te stellen, aangezien ik besloten heb part-time te werken... Door mijn spreekbeurten ben ik vaak weg van de kinderen, maar ik heb besloten niet vaker dan twee of drie nachten per maand weg te zijn... Het lijdt voor mij geen twijfel dat mijn eerste opdracht is om een goede echtgenote en moeder te zijn. En ik geloof heel sterk dat vrouwen hun man zo veel mogelijk moeten helpen. Maar als ik in de hemel aankom, zal God niet vragen wat ik met de talenten van mijn man gedaan heb."

Nu ik op die jaren kan terugblikken, vraag ik mij wel eens af wat ik anders zou doen in het combineren van de zorg voor mijn gezin en mijn werk voor anderen. Ik geloof nog steeds dat mensen belangrijker zijn dan projecten en programma's. Ik ben achteraf blij dat wij ons huis voor zo veel mensen hebben opengesteld. Deze jonge mensen die bij ons logeerden en deel uitmaakten van onze grote familie, geven nu onze ideeën over *„echtelijke" kracht* over heel de wereld door. (In hoofdstuk 11 zullen we dieper op deze „echtelijke" kracht ingaan.) Ik heb één ding geleerd, namelijk dat we nooit armer worden door te geven, zoals we lezen in Spreuken 11:24,25:

> Er zijn er die uitstrooien en toch nog meer verkrijgen; terwijl anderen meer inhouden dan recht is en toch gebrek lijden.
> De zegenende ziel wordt overvloedig verkwikt,
> wie laaft, wordt ook zelf gelaafd.

Wat zou ik doen? Waarschijnlijk meer van hetzelfde, maar met meer zelfvertrouwen en, in ieder geval, met meer nadruk op open communicatie.

Het aanboren van uw verborgen kracht

1. Bent u er zeker van dat elk van uw kinderen uw huis beschouwt als een plaats van veiligheid en beschutting tegen de stress van het leven? Hoe kunt u hen helpen die *Geborgenheit* thuis te vinden?

2. Bekijk nog eens grondig „De Tien Geboden Vragenlijst" op blz. 84 om na te gaan of u innerlijk op orde bent. Vraag God om u te helpen aan Hem te belijden in welke opzichten u naar zijn maatstaf te kort bent geschoten.

3. Is samen eten voor uw gezin een gezellig moment? Hoe kunt u de tijd die u als gezin aan tafel doorbrengt, plezieriger, meer betekenisvol en gedenkwaardiger maken?

HOOFDSTUK 9

Het verwerken van verlies

Negen tekenen van herstel

„Het is de moeite waard verdriet te hebben over een geliefde," schreef Walter in zijn boekje *Liefde moet je leren* (Ned. vertaling van „Love is a Feeling to Be Learned"; J.H. Kok, Kampen; 7e druk, 1988). Lijden mag niet altijd ten koste van alles worden vermeden. Als we het doormaken en aanvaarden, kan lijden een bron van rijkdom, diepte, groei en vervulling - ja zelfs van geluk - worden.

Een vriend verliezen

Hoe pijnlijk een afgebroken vriendschap ook kan zijn, wanneer de wonden eenmaal zijn geheeld, kan deze een bron van verborgen kracht worden. We moeten vermijden dat zich wild vlees in onze hartewonden gaat vormen. Als liefde niet wordt beantwoord, is frustratie het gevolg en dat kan iemands gevoel van eigenwaarde aanzienlijk beschadigen. Er is veel kracht nodig om staande te blijven als je wordt afgewezen.

Dat doet me denken aan wat een bergbeklimmer eens zei: „De kunst is niet om te winnen - de kunst is terug te gaan naar waar je moest opgeven en dan opnieuw te proberen."

Onze pijn wordt soms niet veroorzaakt door een afgebroken vriendschap, maar door een vriendschap die totaal drooggelopen is. Een lege kruik heeft de plaats ingenomen van een diepe bron. Nadat de aanvankelijke aantrekkingskracht is verdwenen, rest slechts leegte.

Dr. Marion Hilliard, de schrijfster van *A Woman Doctor Looks at Love and Life* (hoe een vrouwelijke arts tegen de liefde en het leven aankijkt), vertelt heel openhartig de geschiedenis van haar eigen teleurstelling in de liefde. Vóór haar voortijdige dood was Dr. Hilliard hoofd van de gynaecologische afdeling van een groot Canadees ziekenhuis. Zij schreef tal van artikelen voor een groot publiek over vrouwen en het huwelijk. Op een dag kreeg ze een verontwaardigde bezoekster in haar spreekkamer.

„Wat geeft u eigenlijk het recht te denken dat u een expert bent ten aanzien van het huwelijk?" beet de bezoekster Dr. Hilliard toe. „U bent vrijgezel!"

„Ik vertrok geen spier," zei Dr. Hilliard, „maar wees haar erop dat het feit dat ik ongetrouwd ben me juist in staat stelt om objectief te zijn. Een getrouwde vrouw kent maar één man. Ik weet veel van het huwelijk af, hoewel ik zelf niet ben getrouwd, omdat ik naar de problemen van letterlijk duizenden getrouwde vrouwen heb geluisterd."

Als liefde aan je voorbijgaat

Zij bleef in haar beroepsmatige rol ten opzichte van haar bezoekster, terwijl ze eraan toevoegde: „De problemen van ongetrouwde vrouwen ken ik ook - zelfs beter. En ik weet dat het pijnlijkste om je te ontzeggen niet een echtgenoot is, maar het moederschap. Als ik terugblik op mijn leven, kan ik de momenten aangeven die overal bovenuit staken. Het belangrijkste moment was de afspraak die ik had met een man van wie ik hield.

Hij was ingenieur en was voor zijn werk een aantal maanden weggeweest. Ik liep stage en miste hem heel erg. Er was een stilzwijgende afspraak dat we verloofd waren.

We zouden samen verdere plannen maken voor onze toekomst en een trouwdatum vaststellen.

Hij kwam me ophalen; hij was gebruind en zag er knap uit. Hij had zelfs een auto geleend. We gingen uit eten - ik vond het fantastisch. Buiten het ziekenhuis eten was altijd iets bijzonders. Verzadigd en doezelig, terwijl ik het grote moment afwachtte, viel ik in slaap terwijl hij over liefde praatte. Ik had de vier voorgaande nachten nachtdienst gehad in de verloskamer. Hij reed me naar huis, maakte me wakker en zei me kortaf gedag. Hoe dankbaar ben ik altijd gebleven voor dat hazeslaapje. Kort daarop trouwde hij met een ander. Daarna zorgde hij voor mijn Getsemané. Hij vroeg mij of ik zijn vrouw medisch wilde begeleiden en hun eerste kind ter wereld brengen. Niets in mijn leven heeft mij ooit zoveel pijn gedaan en niets zal ooit zoveel pijn kunnen doen. Het kind werd, 's morgens vroeg, op moederdag geboren - om me vooral geen enkel aspect van menselijk verlangen en afgewezen te worden te doen missen. Als ik dat kon aanvaarden en zou overleven - en daartoe bleek ik in staat - zou ik aan alles het hoofd kunnen bieden."[2]

Een relatie mag in orde schijnen. Je bent „verliefd" (niet te verwarren met de „keuze om van iemand te houden", de basis voor een levenslange toewijding in het huwelijk), maar na verloop van tijd valt de relatie uiteen. Tijdens een tv-programma beschreef een vrouw het heel indringend: „Alles in de kamer scheen tot stilstand te komen. Het leek of de muren op ons afkwamen..." Wat had zij fout gedaan? Was zij gaan slapen, terwijl ze wakker had moeten blijven? Had zij hem koude koffie gegeven, terwijl die gloeiend heet had moeten zijn? Zij had haar best gedaan, maar dat bleek niet genoeg.

Liefde is een kwestie van tweerichtingverkeer. De Franse schrijver Albert Camus zegt over deze gevoelens van verlies en onzekerheid: „Het verbazingwekkende is dat ze ons genezing brengen op hetzelfde moment dat ze pijn veroorzaken. Zodra we hebben geaccepteerd dat het verlies een feit is, zien we in dat de geliefde een heel onderdeel van onze mogelijkheden blokkeerde, en dat dit er nu zo zuiver uitziet als de schoongewassen lucht na een regenbui" (uit *Cahier II, Youthful Writings*, uitgever onbekend).

Tekenen van herstel

In zijn boek *Women Who Love Too Much*[3] (vrouwen die te intens liefhebben), geeft Robin Norwood negen tekenen die op herstel wijzen nadat een liefde is stukgelopen.

1. Een vrouw moet zichzelf volledig aanvaarden en niemand anders willen zijn.

2. Zij aanvaardt anderen zoals ze zijn en probeert hen niet te veranderen opdat zij aan haar verwachtingspatroon voldoen.

3. Zij geeft zich rekenschap van al haar gevoelens ten aanzien van alle aspecten van haar leven, met inbegrip van haar seksualiteit.

4. Zij is tevreden met zichzelf, met inbegrip van haar lichaam. (Mag ik hieraan toevoegen dat ze tevens moet leren haar gevoel van eigenwaarde apart van haar lichaamsgewicht te zien.)

5. Zij heeft zoveel gevoel van eigenwaarde dat zij van het gezelschap van anderen - vooral van mannen - kan genieten. Zij hoeft niet het gevoel te hebben dat ze nodig is om het gevoel te hebben dat ze waarde heeft.

6. Zij vraagt: „Is de relatie goed voor mijn innerlijke groei?"

7. Als een relatie negatieve uitwerkingen heeft, is ze in staat die af te breken zonder dat ze zo gedeprimeerd raakt dat ze totaal van slag is.

8. Zij stelt prijs op waardigheid en rust.

9. Zij beseft dat een vruchtbare relatie alleen kan bestaan tussen partners met dezelfde waarden, interesses en doelstellingen, en tussen mensen die in staat zijn tot intimiteit.

De macht van de liefde

In *Man and Woman He Made Them* (man en vrouw schiep Hij hen) vertelt Jean Vanier over een tedere relatie tussen Christine en Lawrence, beiden mensen met een geringe geestelijke handicap. Lawrence was vol woede en agressiviteit de instelling binnengekomen.

Doordat ze hem met tederheid benaderde, riep Christine iets in hem wakker. Het was verbazingwekkend om te zien hoe hij binnen een paar maanden volledig veranderde. Hij werd vriendelijker en rustiger; zijn gezicht stond vrediger en meer ontspannen; aan tafel luisterde hij naar anderen; al zijn agressie scheen weg te smelten... Toen Christine hem liet vallen, werd Lawrence weer depressief. Hij sloeg weer helemaal dicht... maar het was verbazingwekkend om te hebben gezien hoe hij werkelijk kon zijn. Toen hij als man liefde ontving, veranderde hij totaal, hoewel dat, helaas, maar van korte duur was. Liefde is het mooiste dat bestaat, maar zij kan heel gevaarlijk zijn, als ze niet op echte toewijding berust.

Vanier waarschuwt er vervolgens voor om niet tot een seksuele uiting van een dergelijke liefde over te gaan. Hij is Fransman en christen, en zijn woorden hebben voor ons profetische waarde. Hij zegt:

> Een seksuele relatie die niet beleefd wordt binnen een door God gegeven verbintenis, kan het hart verduisteren en ondoorzichtig maken. Het seksuele aspect kan in een relatie een sacrament zijn, maar het kan ook de dood ervan betekenen. De kus kan een woord blokkeren, terwijl dat woord absoluut noodzakelijk is om de relatie te verdie-

pen. Het seksuele instinct kan zo sterk zijn, dat dit het paar tot fysieke eenwording kan voeren zonder dat zij eerst de verschillende stadia doorlopen van vriendschap en samen de dingen beleven ten einde elkaar goed te leren kennen. Zo'n eenwording heeft geen solide basis waarop de toekomst kan worden gebouwd.[4]

Scheiding

Hoe pijnlijk ook, het stranden van een liefde door een verbroken verkering of een verbroken verloving is veel minder traumatisch dan de ervaring van een scheiding. Het is veel beter dat de desillusie zich voordoet vóór de definitieve belofte van huwelijkstrouw.

In *Ik ben met jou getrouwd* (Ned. vertaling van „I Married You"; Kok Voorhoeve, Kampen; 14e druk, 1989), legt Walter aan zijn lezers de betekenis uit van de bijbelse uitdrukking „aanhangen".

> „De letterlijke betekenis van het Hebreeuwse woord dat met 'aanhangen' is vertaald, betekent vastkleven aan, vastgelijmd zijn aan iemand. Man en vrouw zijn aan elkaar vastgelijmd als twee stukken papier. Als je twee stukken papier die aan elkaar zijn vastgeplakt, probeert te scheiden, scheur je ze allebei. Als je een man en een vrouw die elkaar 'aanhangen' scheidt, raken beiden bezeerd - en als ze kinderen hebben, geldt dat ook voor hen. Een echtscheiding betekent dat je een zaag pakt en elk kind van top tot teen doormidden zaagt."[5]

„Zolang er nog een vleugje adem in een huwelijk is, zal ik ervoor vechten," zei Walter vaak. Als een echtpaar met elkaar ruziet, is dat een goed teken, want daaruit blijkt dat ze nog om elkaar geven. Ik herinner me een Afrikaans echtpaar dat naar ons huis kwam om een geschil op te lossen. In zijn woede had de man het oorlelletje van zijn vrouw afgebeten. Walter bracht ze tot bedaren en verzekerde hen dat ze nog veel van elkaar hielden. Het zou Walter meer reden tot bezorgdheid hebben gegeven als ze zwijgzaam waren geweest en onverschillig ten opzichte van elkaars gevoelens. Het echtpaar maakte het onderling in orde en kort daarop gingen ze opgewekt naar huis.

Als er in een huwelijk geen vleugje adem meer is, kan het enige dat nog overblijft zijn om de overlijdensakte te tekenen. Maar we moeten degenen die door de pijn van de scheiding heengaan, een pijn die vaak erger is dan die van het weduwschap, helpen.

Pasgeleden schreef iemand die onze boeken had gelezen mij:

> *Ik ben helemaal van mijn stuk vanwege de echtscheidingen onder christenen. Waarom gebeurt dat onder christenen? Hoe komt het? Soms ben ik bang dat het mij ook zou kunnen overkomen. Is een christelijk huwelijk een garantie dat het nooit tot een scheiding zal komen? En als de liefde eenmaal weg is, hoe kan die dan weer tussen twee mensen worden hersteld?*

Mijn antwoord aan haar luidde:

> *Het leven biedt geen garanties, behalve Gods onophoudelijke liefde en onze verlossing door zijn Zoon. Christenen staan op dezelfde manier als niet-christenen aan de verleidingen van het leven bloot. Zij ervaren dezelfde hoogte- en dieptepunten in hun emoties en gevoelens als degenen die nooit met Jezus Christus in aanraking zijn gekomen. Een man kan, ook al is hij een christen, op een morgen wakker worden, zijn vrouw aankijken, en zich afvragen: hoe heb ik haar ooit als levensgezellin kunnen kiezen? En zo kan een vrouw ook denken: ik ken die man nauwelijks. Hoe kan hij mijn echtgenoot zijn?*

We moeten over onszelf heenzien. Christus moet de bron van onze liefde zijn. „Want bij U is de bron des levens, in uw licht zien wij het licht" (Psalm 36:9). Hij is onze verborgen kracht en de bron van onze liefde. Onze wortels worden gedrenkt en we kunnen voor ons huwelijk aanspraak maken op de beloften van Psalm 92:13-15:

De rechtvaardige zal groeien als een palmboom...
geplant in het huis des Heren...
zij zullen in de ouderdom nog vrucht dragen,
fris en groen zullen zij zijn.

Bij de voltrekking van hun huwelijk beloofden een bruid en een bruidegom elkaar steun en trouw „zolang we van elkaar houden". Een betere bewoording zou zijn geweest: „Zolang we beiden een gevoel van liefde koesteren." Dat is echter niet de liefde die gebaseerd is op de toewijding waarvan Christus sprak, toen Hij er de nadruk op legde dat we ons eigen ik moeten laten sterven om elkaar dienstbaar te kunnen worden.

Kort nadat Walter en ik waren getrouwd, schreef ik het volgende in mijn dagboek: „Het huwelijk komt alleen tot zijn recht als de mogelijkheid tot echtscheiding niet bestaat." Velen zullen zeggen dat dat niet realistisch is. We leven in een onvolmaakte wereld en daarom is echtscheiding soms onontkoombaar. Misschien is dat zo. Maar er behoeven niet zo veel echtscheidingen plaats te vinden als volgens de statistieken het geval is. En christenen moeten als eersten hun protest laten horen.

In een recent onderzoek onder gescheiden mannen en vrouwen bracht dr. Mavis Hetherington, hoogleraar in de psychologie aan de University of Virginia (V.S.), aan het licht dat „één jaar na de scheiding 60 procent van de mannen en 73 procent van de vrouwen vonden dat ze een vergissing hadden gemaakt. Zelfs degenen die vonden dat hun huwelijksleven verschrikkelijk was geweest, zeiden dat hun problemen toch wellicht opgelost hadden kunnen worden." Deze mensen beseften dat hun behoefte aan liefde groter was dan hun behoefte om uit elkaar te gaan.

Mijn nicht Ann en haar man Bob gingen na een huwelijk van zeven jaar uit elkaar. Zonder af te dalen in alle droevige details van die achttien maanden durende periode, spring ik een stuk vooruit en kan ik zeggen dat ze nu sinds meer dan zeven jaren gelukkig met elkaar hertrouwd zijn.

Hoe kon dit gebeuren? Ann schrijft:

Ik sta er nog steeds versteld van, als ik bedenk wat God in ons leven tot stand heeft gebracht. Bob en ikzelf praatten daarover op een lenteachtige zondagmiddag. Het was een schitterende dag. Plotseling scheen het leven ondraaglijk heerlijk. Na de pijn van het verleden voelde ik mij weer gelukkig. Ten slotte vroeg ik Bob hoe naar zijn mening de liefde tussen ons weer was hersteld. Zonder aarzeling keek hij mij aan en zei: „Ann, de liefde tussen ons is nooit weggeweest."

Nooit weggeweest!? Ik protesteerde zachtjes. Jij hebt het kennelijk anders ervaren dan ik!

Maar langzaam drong de betekenis van zijn woorden tot mij door. De liefde die we voor elkaar hadden, was niet ons eigen maaksel, maar een gave van God. Door onrijpheid, door onze belangrijkste verantwoordelijkheid te verwaarlozen, namelijk het levend houden van onze persoonlijke verhouding tot onze Schepper, vernietigden we uiteindelijk alle positieve gevoelens die we voor elkaar koesterden en alle geluk dat we samen hadden gekend. Hoe meer we ons best deden om dat geluk te vinden, hoe meer het aan ons ontglipte. Toch was het niet onze liefde die verdwenen was, maar de uitdrukking ervan, de emotie van die liefde.

Herstel van de liefde

De eerste stap in het herstellen van de liefde is zich aan Jezus Christus over te geven, die zei: „Gelijk de Vader Mij heeft liefgehad, heb Ik ook u liefgehad; blijft in mijn liefde" (Johannes 15:9). De volgende stap is levenslange toewijding aan je partner te beloven, zonder voorwaarden vooraf.

Daarna begint het „liefdewerk". Communicatie heeft de hoogste prioriteit. De schrijver John Powell heeft eens gezegd dat het de „primitiefste soort moed" vergt om jezelf eerlijk en helemaal aan de ander bloot te geven - we zijn immers allemaal bang om te worden afgewezen!

Wanneer we begrepen willen worden moeten we zelf begrip opbrengen. We hebben twee oren en één mond, en dus moeten we twee keer zo veel luisteren als praten. Sommige communicatiedeskundigen zijn van mening dat de meeste mensen maar 25 procent van hun luistervermogen gebruiken.

We moeten bedenken dat er vier verschillende manieren zijn om te luisteren:

1. Luisteren met een gevoel van meerderwaardigheid
2. Onverschillig luisteren
3. Luisteren voor het moment dat de ander ophoudt met praten
4. Luisteren en leren.

Niets kan een goede luisteraar vervangen, vooral omdat er maar zo weinig van zijn. Als u voor uw partner zo'n goede luisteraar kunt worden, is de kans groot dat hij ook naar u zal luisteren. Het gevolg is dat u dan steeds de beschikking hebt over een leven-gevend communicatiekanaal.

We moeten eveneens leren onze partners te aanvaarden en te waarderen als degenen die ze zijn. Je kunt je levensgezel niet veranderen. Je kunt alleen jezelf veranderen.

Er is geen enkele getrouwde man of vrouw ter wereld die niet ten minste één onhebbelijkheid in zijn of haar partner heeft ontdekt waarvan hij of zij wenste dat die er niet zou zijn. De vraag is: tast dat de kwaliteit van uw huwelijk aan, of is het iets waarmee u kunt leren leven? Wanneer het een ernstig probleem is waarmee u zonder succes hebt geworsteld, ga dan bij uw zoeken naar een oplossing eerst naar de Heer en leg het Hem voor. Zoek vervolgens een christelijke raadgever of een predikant die u met advies kan helpen. Neem dan een risico, als het probleem nog steeds bestaat. Praat erover met uw partner. Benader de zaak met liefde, openheid en begrip. Vraag, zo nodig, uw partner om samen met u in therapie te gaan, omdat u hem/haar daarbij nodig hebt.

Een vrouw van achter in de twintig vertelde mij eens dat ze een uiterst moeilijke periode in haar huwelijk doormaakte. Ze zei: „Ik blijf mezelf de vraag stellen: *Wat doe ik hier nog? Waarom geef ik het niet op?* We zouden beiden beter af zijn als we uit elkaar zouden gaan. We zouden in elk geval gelukkiger zijn."

Zij liet zich leiden door de duivelse leugen: „Het voelt waar aan, dus zal het ook wel waar zijn."

Anderen zeggen: „Als het je een goed gevoel geeft, moet je het doen."

In dit specifieke geval gaf mijn vriendin niet op. Soms voelde zij zich een huichelaarster. Op andere momenten was zij vreselijk gedeprimeerd. Maar haar trouw won het ten slotte en nu is ze heel erg blij dat ze destijds geen gehoor aan haar gevoelens heeft gegeven.

Zo lang er nog een vleugje adem in uw huwelijk is, is het de moeite waard ervoor te vechten. Huwelijken tussen christenen zijn alleen anders als ze rond de „hemelse Bruidegom" - de Dienstkecht aller dienstknechten - zijn gecentreerd, die zei: „Hetgeen dan God samengevoegd heeft, scheide de mens niet" (Matteüs 19:6).

Verlies door de dood

Het verlies van een partner wordt vaak gezien als de grootste oorzaak van stress. Maar ik denk dat dit wat zorgvuldiger moet worden geformuleerd. Een „goede" dood - als zoiets kan bestaan - kan minder stress teweegbrengen dan een echtscheiding, omdat er sprake is van een schone wond die meer kans heeft om te helen dan de wond die voortdurend opnieuw wordt opengereten, omdat de exman of ex-vrouw nog leeft. Een echtscheiding kan meer stress veroorzaken dan de dood.

Drie op de vier vrouwen worden weduwe. Weduwe of weduwnaar worden als de partner overlijdt, brengt een van de meest ingrijpende veranderingen met zich mee die zich in het leven kunnen voordoen en vergt allerlei nieuwe beslissingen. Nadat ze haar leven met iemand heeft gedeeld moet een weduwe leren alleen te zijn zonder dat ze vereenzaamt. Zij moet zelf de dagelijkse problemen oplossen, en kan de last nu niet meer met haar man delen. Ze moet zich aanpassen aan de veranderingen in haar relaties met anderen en aan het veranderde beeld dat ze van zichzelf heeft.

Laat mij bij het laatste beginnen. Het kostte mij ettelijke maanden na de plotselinge dood van mijn man om te gaan beseffen dat ik mijn man niet had verloren: ik wist waar hij was. Maar ik was mijzelf en mijn identiteit als de vrouw van Walter Trobisch kwijt. Het was een onplezierige ontdekking, waaraan ik geen enkele goede kant zie - behalve dat het een uitdaging tot verdere groei betekende. Ik had het feit te aanvaarden dat er niemand meer op deze aarde was voor wie ik nummer één was.

In de jaren sinds Walters dood heb ik anderen geobserveerd die met een zelfde slag in hun leven werden geconfronteerd. Ik ben het met Daphne du Maurier eens als zij schrijft:

> Ook al draagt ze haar lot met een dapper gezicht, toch blijft de weduwe een eenzame verschijning, die nergens thuishoort. In sommige opzichten lijkt haar situatie op de een of andere ondefinieerbare manier op die van de gekleurde rassen in een wereld die door blanken wordt gedomineerd.
>
> De houding van de niet-weduwe is vriendelijk, hartelijk, een beetje te opgewekt in een poging te laten merken dat niets is veranderd, zoals de ruimdenkende blanke met een gulle lach de hand van zijn zwarte broeder schudt om hun gelijkheid te benadrukken. Maar geen van beiden laat zich bedotten en beiden zijn er verlegen mee. Er kan zich

> zelfs een soort van apartheid voordoen. De weduwe en de niet-weduwe trekken zich elk in hun eigen wereld terug, zonder dat er sprake is van onderlinge communicatie.
>
> Het oude gezegde dat de tijd alle wonden heelt, is alleen waar als er geen sluimerende infectie is, als de wond goed is gereinigd. Bitterheid, geklaag en spijt (waarom heb ik niet...?) kunnen de wond infecteren, de vlijmscherpe pijn doen terugkomen en de wond opnieuw doen bloeden.[6]

,,Je moet de bloeding zien te stelpen," zei een vrouwelijke arts een jaar na de dood van Walter tegen mij, toen ik haar in tranen vertelde hoeveel pijn ik nog voelde. Ze luisterde en hielp me haar raad op te volgen, zodat er in mijn hart gezond weefsel in plaats van littekenweefsel kon groeien.

,,Wat is het geheim?" vroeg ik een 80-jarige weduwe bij mij in de buurt.

,,Actief zijn en erop uitgaan," antwoordde zij. ,,Ik kan nog autorijden en ik mis nooit de kans om naar bijzondere dingen toe te gaan. Een vrouw heeft altijd iets nodig om naar uit te kunnen zien."

Ik heb geleerd om bij de dag te leven. Elke dag is een uitdaging waarbij mijn moed op de proef wordt gesteld. Pijn komt in golven. Aanvaard dat. Laat het maar heel diep in je pijn doen. Probeer niet de pijn te onderdrukken of je verdriet voor jezelf te verbergen. Wie nog maar pas doof, blind of anderszins gehandicapt is geraakt, heeft tijd nodig om als tegenwicht voor die handicap een extra zintuig te ontwikkelen. Hoe dan ook, wie treurt vindt nieuwe kracht, een nieuwe visie, geboren uit de pijn en eenzaamheid die eerst onoverwinnelijk schenen.

Lynn Caine doet ons de volgende praktische suggesties aan de hand, die zij haar ,,Overlevingspakket" noemt:

Overlevingspakket voor eenzamen

1. Haal diep adem.

2. Besef dat je niet de enige bent.

3. Laat je lichaam je helpen.

4. Bid en mediteer.

5. Eet - je hebt energie en kracht nodig.

Zij vertelt uit eigen ervaring:

> Ik had geen honger, maar ik zette thee, maakte een roerei, pelde een sinaasappel - en ik at. Ik voelde me daarna een stuk beter. Als het lichaam onvoldoende energie heeft, kan men een situatie niet meer beheersen... Hoe beroerder je je voelt, hoe minder je eet. Als het lichaam voedsel nodig heeft en dat niet krijgt, vindt een chemische reactie plaats die de depressiviteit en eenzaamheid verergert. Daarom voelen heel veel oudere mensen zich zo gedeprimeerd. Het is het gevolg van slechte eetgewoonten.[7]

Hertrouwen

Lynn zegt over tweede huwelijken:

> Ze zijn veel gecompliceerder dan eerste huwelijken. Men brengt meer emotionele bagage, meer levenservaring en meer - goede en slechte - gewoonten mee... Het is niet alleen maar met z'n tweetjes - verliefd en onbezorgd - voor de tweede keer samen zijn. Er zijn kinderen, uw familie, uw schoonfamilie, zijn familie, zijn schoonfamilie is er... Al die mensen spelen een rol in uw nieuwe relatie - of u dat nu plezierig vindt of niet - omdat ze een deel van uw leven zijn. En dat houdt in dat men zich in een enorm aantal opzichten moet zien aan te passen.[8]

In mijn boek *Je moet alleen verder* (Ned. vertaling van „Learning to Walk Alone"; J.H. Kok, Kampen; 2e druk

1987), schreef ik over hertrouwen. „De verleiding om een partner te vervangen is het sterkst in het eerste jaar na diens dood." Maar dat is te vroeg. De wonden zijn nog niet geheeld. „Een tweede huwelijk op Gods tijd en volgens zijn keus is ongetwijfeld een groot huldeblijk aan het instituut van het huwelijk. Maar eerst moet duidelijk worden wat Gods wil is. Aan hen die de keus aan Hem overlaten, geeft God het beste. Je doet er niet goed aan een deur te openen die God heeft gesloten."[9]

Het leven zal voor ons nooit meer zo zijn als voorheen. Mijn huwelijk was voor mij meer dan zo maar een liefdeservaring - voor degenen onder ons die dertig of meer jaar waren getrouwd, was het op z'n minst ons halve bestaan. Aan een nieuwe partner kunnen wij nooit hetzelfde geven als wat we aan onze partner die er niet meer is hebben gegeven. Misschien moeten we de reis van de tien, twintig of zelfs meer jaren die nog voor ons liggen wel alleen afleggen.

Mijn innerlijke rust keerde terug toen ik vrede kon hebben met mijn herinneringen. „Wat je hebt gehad, kan niemand je afpakken, moeder," zei mijn oudste zoon tegen me toen mijn verdriet nog hevig was. Niet langer hoor ik de vertrouwde voetstappen, of de stem die me vanuit een andere kamer roept, maar er hangt weer een sfeer van liefde, van bij elkaar horen en zelfs van vrolijkheid, als onze familie bij elkaar is, momenten waar Walter zoveel van hield.

Het vinden van mijn verborgen kracht

Ik las vandaag Psalm 84, het lied van een pelgrim. Zijn ogen zijn gericht op het doel: Jeruzalem. Hij ziet uit naar het ogenblik dat hij daar zal arriveren. Hij moet door een dal van tranen heen, maar ontdekt een plaats waar bronnen ontspringen. Vers 8 zegt: „Zij gaan voort van kracht tot kracht." In mijn Duitse Bijbel luidt de vertaling: *„Zij gaan met immer toenemende kracht voorwaarts, omdat ze God in Zion zien."*

Degenen van ons die het verlies van hun levensgezel hebben ervaren, kunnen door het sleutelgat een blik in de hemel werpen. Wij hebben een van de ergste dingen die ons konden overkomen meegemaakt en we hebben het overleefd. Er is een vreugdevolle ernst en een heilige vreugde in ons hart waardoor we de dingen beter in het juiste perspectief kunnen zien - zodat we de kleine dingen klein en de grote dingen groot zien. Niets kan ons scheepje ooit weer zo hevig in beroering brengen.

Het aanboren van uw verborgen kracht

1. Lees de suggesties van de schrijfster over het weer terugbrengen van de liefde in een huwelijk nog eens. Wat gaat u deze week doen om deze beginselen in uw huwelijk toe te passen?

2. Wat zijn de dringendste emotionele behoeften van iemand wiens relatie of verloving kortgeleden is verbroken? Bij een echtscheiding? Bij de dood van een partner?

3. Denk eens na over de verliezen die u in uw verleden hebt doorgemaakt. Hoe heeft God u geholpen? Wat heeft Hij u duidelijk gemaakt ten aanzien van uw leven en ten aanzien van zijn liefde voor u?

4. Hoe brengt God u ertoe om een bekende die pas een geliefde door de dood, een echtscheiding of een verbroken relatie heeft verloren, bij te staan?

HOOFDSTUK 10

Het opvoeden van oudere kinderen

Acht uitgangspunten voor hechte relaties

Als ouders willen we onze kinderen graag als een parelsnoer om de nek dragen en ermee pronken. Sommigen zijn misschien alleen maar in stilte dankbaar. Maar wat doen we als het snoer breekt en onze kinderen moedwillig ongehoorzaam zijn? Een van de grondbeginselen van kinderen opvoeden is om ze te respecteren en te vertrouwen. Maar kun je ze blijven vertrouwen wanneer dat vertrouwen wordt misbruikt, of wanneer er sprake is van een „erosie van vertrouwen," zoals dr. John White het uitdrukt?

Ouderlijke pijn?

Op die manier van een kind houden wil zeggen dat we onze ogen wijd open houden en bereid zijn de pijn te verduren - om te vertrouwen ondanks wantrouwen. We wachten en staan op de uitkijk, zoals de vader van de verloren zoon.

In het tijdschrift *National Geographic* zei dr. Alex Shigo, die bekend staat als de bomendokter van Durham in New Hampshire (V.S.), dat een boom de littekens draagt van elke strijd die hij heeft gevoerd. De boom kan zichzelf niet genezen en moet zijn wonden afschermen. Om de groei van micro-organismen te voorkomen, vormt hij rond een wond cellen met een afdichtende substantie, waardoor een beschermende muur ontstaat. Als een woudreus is geveld, kan het oog van de vakman in de zagerij in wat hij voor zich ziet de geschiedenis lezen van alle oorlogen die de boom heeft bevochten. Hij kan zien waar de beschermende bast door een afgeknapte tak of de bijl van de bosarbeider werd beschadigd; wanneer de bacteriën en schimmels het onbeschermde hout binnendrongen en rotting veroorzaakten; wanneer de boom door de bliksem werd getroffen, of een specht een gat boorde, een hongerig hert aan de bast knaagde of een bosbrand voorbijraasde. Alle littekens zijn nog te zien.

Wat een levensverhaal! Mijn diepste littekens heb ik misschien wel gekregen toen ik een brief van één van mijn kinderen kreeg met de woorden: „Laat me mijn eigen gang gaan. Ik weet wat je van dit onderwerp vindt...” Mijn eerste reactie was één van hevige pijn, alsof een mes door mijn hart werd gestoken.

Maar toen dacht ik aan de woorden van Psalm 118:17: „Ik zal niet sterven, maar leven en ik zal de grote daden des Heren verkondigen.”

Het laatste boek dat mijn man en ik samen lazen was *Parents in Pain* (ouders die pijn lijden), geschreven door dr. John White (die ik ook aan het begin van dit hoofdstuk noemde), een christelijke psychiater en vader van vijf kinderen. Walter las het aan me voor en we waren bijna door het boek heen toen hij stierf.

Dr. White schreef:

> Kinderen opvoeden is een wrede strijd tussen tederheid en verachting. In de maanden en jaren van duisternis hebben we lessen geleerd die we nooit zouden hebben geleerd in het licht. God is een Ouder die alle geheimen van het ouderschap met ons wil delen. In Hem vonden we vreugde en vrede.[1]

Als weduwe, als alleenstaande ouder, ging ik nu terug naar dit boek, want „ik leed pijn". Ik voelde me begrepen en getroost door de boodschap van dr. White.

Niet echt van ons

We geven graag de indruk dat onze kinderen helemaal van ons zijn, en dat wij honderd procent verantwoordelijk voor hen zijn en voor wat er van hen wordt. Ik heb echter geleerd dat mijn kinderen slechts gasten in mijn gezin zijn, die God mij tijdelijk heeft toevertrouwd. Ze zijn alleen „van mij" in de zin dat God op mij rekent om ze lief te hebben, voor ze te bidden en ze op te voeden. De vraag is niet: hoe kan ik mijn kinderen succesvol opvoeden? Maar: hoe word ik een goede moeder?

Dr. White wijst ons op het volgende:

> God gaf elk mens een vrije wil. Er ontstaan problemen wanneer we tot de ontdekking komen dat onze kinderen ook een vrije wil hebben en die gebruiken... Ons kind is *veel meer* dan alleen een verlengstuk van onszelf. Je kunt nooit een ander menselijk wezen helemaal beheersen, zelfs als dat menselijk wezen je eigen kind is. God heeft de uiteindelijke bestemming van je kind in zijn of haar eigen handen gelegd. Deze gedachte vormde een touw om me in het duister aan vast te grijpen, een manier om tastend voorwaarts te gaan, toen ik niet zag wat vóór me lag.[2]

De veronderstelling dat ouders verantwoordelijk zijn voor de mislukkingen van hun kinderen is onterecht. Maar ouders zijn evenmin verantwoordelijk voor hun successen. Het probleem ligt bij uw kind, niet bij u. Pas als het zich met zijn gehele hart tot u wil wenden, pas als het om hulp schreeuwt - tot Christus, tot u - kan er wat gebeuren. Het is belangrijk dat het kind weet dat u aan zijn kant staat, dat u zijn bondgenoot bent, die bondgenoot die meer dan wie ook zijn bestwil voor ogen heeft.

„Als de geest ervoor klaar is, komt de leraar," zegt een oude spreuk uit de Talmoed. We kunnen preken en praten tot we een ons wegen, maar als het verstand en het hart er niet voor openstaan, richten onze woorden niets uit.

Mijn kind doet misschien iets dat me vreselijk dwars zit, maar ik kan hem niet dwingen schuld te bekennen. Ik kan hem hooguit daartoe aansporen en de kans bieden. Maar ik hoef me ook niet te laten intimideren door de woede en bitterheid van mijn kind. Dat soort gevoelens komen voort uit angst en schuld. Ik kan mijn kind niet helpen door me altijd zorgen over hem te maken. Ik moet met het probleem leren leven. Ik moet de pijn blijven verduren. Dat levert de meeste resultaten op.

Een van de moeilijkste dingen is om te weten wanneer je bij je kinderen aan je standpunt moet vasthouden, of wanneer je iets maar beter op zijn beloop kunt laten. We moeten echter op alles voorbereid zijn. Als we in onze verwachtingen worden teleurgesteld, kan ons dat tot een uitbarsting verleiden die we later betreuren.

Kinderen in pijn

Onze kinderen geduld te leren is misschien wel de zwaarste strijd die we voor ze hebben te voeren. Ze gaan ervan uit dat hun plotseling opkomende verlangens onmiddellijk bevredigd dienen te worden. Zelfs drugsgebruikers kunnen nog geen minuut wachten op het verlangde effect. We moeten jonge mensen leren een plotselinge teleurstelling te verdragen. Als we hen zover kunnen krijgen dat ze tot morgen wachten met het uiten van hun negatieve reactie, blijken ze tegen die tijd de zaak heel anders te bekijken.

Jonge mensen hebben de ruimte nodig om van pijn te herstellen. Ze zoeken een weg om narigheid het hoofd te bieden. Snoepen is vaak zo'n vluchtroute. Het is lekker en het geeft even afleiding, maar meestal zit men daarna nog dieper in de put. Tieners lijken haast te genieten van hun depressies, zegt dr. Sol Gordon, een New Yorkse psychiater die zich in de problemen van jongeren heeft gespecialiseerd. Volgens Gordon heeft slechts vijf procent van dergelijke depressies een pathologische achtergrond. Omdat het zoveel energie vergt om gedeprimeerd te zijn, reageren jonge mensen vaak zo onaardig.

Dr. Gordon vertelde ons tijdens een onlangs gehouden seminar dat we zulke tieners de beste dienst bewijzen door hen iets nieuws te leren. Een gevoel van minderwaardigheid gaat bij voorbeeld vaak gepaard met niet goed kunnen lezen - het kind voelt zich dom. Maar je kunt een blokkade niet opheffen door er een andere voor te zetten. Bij een programma in New York leerde men een aantal analfabetische jongeren eerst zwemmen, voordat ze leeslessen kregen.

Dr. Gordon adviseert tieners het volgende: ,,Als je ergens belang in stelt, is er altijd iemand die belangstelling voor jou heeft. Zeg twee weken lang niets negatiefs over jezelf.

We hebben een voorraadje positieve gebeurtenissen - goede herinneringen - nodig waaruit we kunnen putten," zei hij ons. ,,Een feilloze manier om een plezierige herinnering te scheppen is om bij voorbeeld te zeggen: 'Wat zie jij er vrolijk en opgewekt uit!' "

Na het seminar schreef ik de hoofdpunten van Dr. Gordons betoog over in mijn dagboek. Zij gaven mij inzicht in mijn eigen ervaringen met jongeren; misschien kunnen ze u ook helpen:

- Raak een kind niet aan, behalve uit liefde.
- Ontwikkel een relatie.
- Je moet ten minste één persoon redden. ,,Als je één persoon redt, is het alsof je de wereld hebt gered" (Talmoed).
- Help iemand die kwetsbaarder is dan je zelf bent. Doe dit zonder dat je daarvoor iets terug verwacht.

- Wees als de vader of moeder die je graag had gehad.
- Besef dat alle inhoudsvolle relaties ook risico's met zich meebrengen.
- Gebruik humor om spanning te verminderen. Goede humor is het gevolg van je plezierig voelen.
- Besef dat het *heden* de enige tijd is waarover je beschikt.

We moeten tieners laten voelen dat we ze als volwassenen behandelen, hoewel we ze in feite vaak als kleine kinderen moeten aanpakken. We moeten aan hun kinderlijke behoeften tegemoet komen. Dr. Ross Campbell legt dit uit in zijn boek *How to Really Love Your Teenager* (echt houden van je tiener):

> Tieners zijn kinderen in een overgangssituatie. Ze zijn nog geen jong-volwassenen. Hun behoeften, ook hun emotionele behoeften, zijn die van kinderen. Een van de meest voorkomende vergissingen van ouders, leraars en anderen is, dat ze pubers als jonge volwassenen beschouwen. Veel instanties die met jongeren te maken hebben, zien hun kinderlijke behoeften aan liefde en aanvaarding, verzorging en de zekerheid dat iemand om hen geeft, over het hoofd.[3]

De seksuele strijd

Een ander punt waarbij we onze tieners moeten helpen bij hun strijd is om in seksueel opzicht op de been te blijven. „Als je niet controversieel bent, heb je niets te zeggen en verveel je de mensen," zei dr. Gordon tegen Walter en mij. Wij waren controversieel. Toen Walters boek *Ik had een meisje lief*[4] (Ned. vertaling van „I Loved a Girl"; Kok Voorhoeve Kampen; 14e druk, 1989) uitkwam, veroorzaakte het over de gehele wereld enige deining. Ik ontmoet dikwijls christelijke leiders die me verzekeren dat het boek hun leven veranderde. Wij namen jaren geleden al een onverzoenlijk standpunt in op het punt van kuisheid - onthouding van seksuele gemeenschap vóór het huwelijk. We geloofden dat God deze afrastering heeft bedoeld als bescherming voor onze jeugd en niet om ze klein te houden.

Seks met meerdere partners is slechts een heel flauw aftreksel van echte liefde. Mensen die wanhopig zijn in hun eenzaamheid, zoeken vaak intimiteit met anderen door middel van seks, maar zo'n oppervlakkige ervaring schenkt geen echte voldoening. Voor een meisje is de eerste geslachtsgemeenschap gewoonlijk teleurstellend. Dr. Gordon heeft met een massa meisjes gepraat en volgens hem heeft geen enkel meisje bij de eerste keer dat ze geslachtsgemeenschap heeft een orgasme.

Dit soort goedkope seks kan nooit een aanvaardbare basis vormen voor een huwelijk. Ook als men getrouwd is, is seks op zich onvoldoende om een huwelijk in stand te houden. Dr. Gordon zegt: „Een huwelijk mislukt als het niet stoelt op een intellectuele, verstandelijke beslissing. Het is vooral gebouwd op vertrouwen, humor en communicatie, terwijl seks en huishoudelijke karweitjes op de negende en tiende plaats komen. Getrouwd zijn is continu hard werken." Hij besluit: „Het is het verstandigste om in de eerste plaats met de juiste persoon te trouwen. Zorg dat uw kinderen de boodschap ontvangen: 'Ik wil niet dat je seks hebt.' Met ze praten maakt de kans op onjuist gedrag kleiner. Probeer uw kinderen zover te brengen dat ze eerst plannen maken en daar van tevoren goed over nadenken."

Communicatie

Contact met uw kinderen is van vitaal belang. U kunt daardoor de discipline toepassen (wat niet hetzelfde is als straffen, maar eerder een les leren) en de opvoeding geven die kinderen nodig hebben.

Voor een goede communicatie is het nodig dat men goed en welwillend luistert en z'n uiterste best doet om te begrijpen. Jakobus 1:19 luidt: „Ieder mens moet snel zijn om te horen, langzaam om te spreken." Wijzelf zowel als onze kinderen moeten vrij zijn om niet alleen alledaagse informatie uit te wisselen, maar ook om onze gevoelens, houdingen en gezichtspunten te uiten.

Een van de volgende antwoorden kan ons daarbij helpen:

„Wil je dat nog eens zeggen? Ik heb het niet precies begrepen." Of: „Ik snap wat je bedoelt." Of: „Dat zit je zeker dwars, hè?"

Hier volgen een paar regels voor een goede communicatie - tussen huwelijkspartners onderling zowel als tussen ouders en kinderen:

- Span je meer in om te begrijpen dan om begrepen te worden, aan luisteren dan aan praten.
- Leer te herkennen wanneer je van streek bent.
- Breng je gevoelens duidelijk en eenvoudig, maar niet beschuldigend, onder woorden.
- Besef dat, wanneer een verschil van mening niet is opgelost, het niet erg is als mensen er verschillende ideeën op na houden. Doe nooit alsof er overeenstemming is wanneer dat niet het geval is en ga er niet van uit dat elk meningsverschil beslist moet worden opgelost.

Eensgezindheid bij de ouders

Het welzijn van de kinderen berust eerder op het feit dat ouders één lijn trekken dan op hun deskundigheid op het vlak van de opvoeding. Ongetwijfeld hebt u deze uitdrukking ook wel eens gehoord: „De beste manier om van je kind te houden is van de moeder te houden" of: „De beste manier om van je kind te houden is van de vader te houden." Toen ik nog kind was, heb ik ervaren hoe goed deze benadering bij mijn ouders werkte. Mijn broer en ik hadden het er op een dag over wie vaders speciale lieveling was. We zouden dat ontdekken als hij die dag thuis zou komen: wie van ons zou hij het eerst groeten? Die was ongetwijfeld zijn oogappel. Ik zal nooit het moment vergeten dat hij uit zijn oude auto stapte, ons allemaal liefdevol aankeek, en vervolgens zei: „Eerst jullie moeder." Het gaf mij een warm gevoel van veiligheid als mijn ouders elkaar waar wij bij waren omhelsden. Omdat ze bij elkaar hoorden, was hun liefde een beschutting die ons allemaal veiligheid bood. Dat was echte *Geborgenheit*. Ouders kunnen ongestraft heel wat fouten maken als hun kinderen hen zien als een solide en krachtig bondgenootschap.

Mijn favoriete gedicht over dit onderwerp is te vinden in Joseph Bayly's boekje *Psalms of My Life* (psalmen van mijn leven):

> **Een liefdepsalm**
> Dank U voor de kinderen
> die we kregen
> door onze liefde.
> God van liefde
> bestendig ons liefhebben,
> zodat zij
> mogen opgroeien in een
> overvloed aan liefde.[5]

Eénoudergezinnen

Het is belangrijk dat kinderen zien dat hun ouders het onderling eens zijn. Maar hoe staat het ermee als je als ouder alleen staat? Ik weet wat het betekent om als moeder alleen te staan en om vader en moeder tegelijk te moeten zijn, zoals mijn eigen moeder voor mij was. Ik moest dat leren na Walters voortijdige dood.

Momenteel is één op de vijf huishoudens een éénoudergezin. Op veel plaatsen is de verhouding zelfs één op drie of één op vier. Voordat ze achttien zijn, zullen 45 procent van alle kinderen een deel van de tijd bij een van de ouders wonen.

Ds. John Yates van de Falls Church in Virginia (V.S.) heeft een werkgroep voor gezinnen in zijn gemeente opgericht. In dit kader schreef hij een handboek voor degenen die ook zo'n werkgroep willen starten. Het is voor mij een groot voorrecht dat ik ds. en mevr. Yates persoonlijk heb leren kennen en met dank kan ik hun programma aanbevelen. In zijn boek *For the Life of the Family* (voor het gezinsleven) geeft ds. Yates het volgende advies:

Een alleenstaande ouder zijn is een van de moeilijkste taken die denkbaar zijn. Daarom hebt u, als u aan zo'n gigantische opdracht begint, hulp en bemoediging van anderen nodig. Maar er komt meer voor kijken dan alleen dat. Uw kind heeft ook de vriendschap van deze (andere) ouders nodig. Als u de moeder bent van een jongen, kunnen de mannen in uw groep hem iets bieden dat u hem niet kunt geven - de vriendschap en het voorbeeld van een christelijke man. God heeft altijd beloofd een „vader der wezen" (Psalm 68:6) te zullen zijn, en een van de mooiste manieren waarop Hij dat wil doen, is via de mannen in het lichaam van Christus om u heen...

Veel gewetensvolle alleenstaande ouders staan in de verleiding zichzelf slechts aan twee dingen volledig te wijden: hun kinderen en hun beroep dat hen in staat stelt hun kinderen te *onderhouden*... Als u uw hart in het geloof voor Christus hebt geopend, bent u *geen* alleenstaande ouder. U bent zo intiem met de Heer verbonden dat Hij volledig in uw leven deelt. U bent niet alleen in uw opvoedende taak, als Hij deel van uw leven uitmaakt...

Als alleenstaande ouder zult u zware beproevingen moeten doorstaan. U zult de neiging hebben om te wanhopen, om weg te rennen of medelijden met uzelf te hebben en uzelf te haten. U zult aan Gods liefde twijfelen, u zult overweldigd worden door het gevoel dat u te kort schiet en u zult in de verleiding komen haatgevoelens jegens uw vroegere partner te koesteren (als u gescheiden bent)...

Alleenstaande ouders kunnen met de hulp van God in hun opdracht slagen. Uw taak is niet onmogelijk. Het is goed te bedenken dat sommige van de grootste mannen en vrouwen uit de geschiedenis opgroeiden in éénoudergezinnen en werden opgevoed door moedige, toegewijde ouders. Eén bijbels voorbeeld is dat van Jozef, de achterkleinzoon van Abraham... Als ooit een jong kind traumatische ervaringen had, dan was het deze kleine jongen, Jozef. Maandenlang was zijn familie op de vlucht, dwars door de woestijn. Zijn vader [Jakob] vluchtte voor een woedende schoonvader, in de richting van een tweelingbroer, Ezau, die waarschijnlijk ook nog steeds woedend was. Zij hadden geen veilige plaats die ze hun thuis konden noemen. En tijdens deze periode stierf Jozefs knappe moeder. Al die tijd werd Jozef geschuwd door zijn tien oudere halfbroers, die niets te maken wilden hebben met deze knaap die het lievelingetje van zijn vader was... De omstandigheden waren dusdanig dat er weinig kans was dat Jozef ooit iets anders zou worden dan een bang, kwezelig, en soms verwend, jongmens. Maar door Gods genade en dank zij zijn band met zijn vader Jakob werd Jozef een grote godsman...

Jakob was verre van volmaakt. Maar hij hield van zijn zoon Jozef en die liefde kwam heel duidelijk op drie manieren tot uitdrukking: in toewijding, discipline en leiding. U geeft het leven van uw kind een bepaalde richting door wat u zelf bent. Als u oprecht de Heer wilt volgen is dat voor uw kind zichtbaar... Soms zult u zich als alleenstaande ouder misschien onplezierig, alleen of onbekwaam voelen. Geef niet aan dat soort gevoelens toe. Erken dat u ze hebt en vraag vervolgens aan God om u opnieuw dat gevoel van zekerheid te geven dat u, ook al hebt u geen partner, Hem hebt, en dat voor het ogenblik Hij en zijn volk om u heen alles zijn wat u nodig hebt.[6]

Ik kan de waarheid van die woorden bevestigen doordat ik zelf een deel van mijn jeugd zonder vader ben opgegroeid. God is de Vader van de wezen en ik heb ondervonden dat Hij ook een Vader van de hulpelozen is. Het betekende een ware bevrijding voor mij als alleenstaande ouder, die met alle macht probeerde een juiste kijk te houden op de opvoeding van mijn kinderen, toen een goede vriend tegen me zei: ,,Ingrid, je kind is niet jouw probleem, maar Gods probleem!" Op dat moment besefte ik dat God inderdaad een Vader voor mijn kind en een Helper voor mij was.

Moeder worden - de geboorte van je kind ervaren - is niet iets die je voor elk kind maar één keer meemaakt. Ik heb in mijn eigen kinderen gezien dat hun fysieke en emotionele ontwikkeling zich in een kringloop van telkens zeven jaar voltrekt. Ze worden letterlijk om de zeven jaar herboren. Het lijkt of er altijd wel één is die een moeilijke periode en een nieuwe fase van groei doormaakt. Als moeder moet ik in de buurt zijn en klaar staan om elk kind in gebed en liefde steeds weer opnieuw te baren. Dat kon ik niet in eigen kracht, want dan zou ik er onderdoor zijn gegaan. Ik heb geleerd dat ik elk van mijn kinderen „Gods probleem" moet kunnen laten zijn.

Loslaten

We moeten het geheim leren van afstand doen, van loslaten - van toestaan dat onze kinderen van God zijn. Dr. en mevr. John White zeggen het zo:

> Je kinderen loslaten betekent niet dat je ze aan hun lot overlaat. Het wil zeggen dat je ze teruggeeft aan God en dus je handen van ze aftrekt. Afstand doen betekent dat je niet langer het recht opeist om trots op je kinderen te zijn.
>
> Leg vooral de nadruk op Gods goedheid voor hen en voor u in alles wat Hij u door hen heeft geleerd en voor het voorrecht dat Hij u gaf om over hen te waken. Welk voorrecht kan groter zijn dan dat een nieuw leven voor God aan uw zorg wordt toevertrouwd?
>
> Loslaten houdt ook in dat je het recht opgeeft om steeds van je kinderen te blijven genieten. Wij kunnen plezier vergiftigen als we niet bereid zijn ons recht daarop los te laten. Van mijn kinderen genieten mag mijn voorrecht zijn, maar het is nooit mijn recht. Je recht daarop op te geven betekent dat je je recht op ononderbroken gemoedsrust opgeeft. Het betekent bijna dat je je recht om respect te krijgen laat varen.

Dr. White en zijn vrouw merken verder op:

> We moeten onze kinderen de waardigheid gunnen om zelf de gevolgen van hun daden onder ogen te zien. Dat kan pijnlijk zijn. Maar word niet verbitterd. De toetssteen van godvruchtige rijpheid is om in tederheid en vastberadenheid na te kunnen zeggen wat Samuël zei in zijn af-

scheid van Israël: „Het zij verre van mij, dat ik tegen de Here zou zondigen door op te houden voor u te bidden; ik zal u de goede en rechte weg leren."[7]

Hanna gezegend

In haar gebed om een kind stortte Hanna haar hart voor de Here uit. Het eerste hoofdstuk van 1 Samuël vertelt ons het verhaal:

Toen de hogepriester Eli Hanna van dronkenschap beschuldigde, zei ze: „Neen, mijn heer, ik ben een diepbedroefde vrouw... ik heb geen wijn of bier gedronken... ik ben hier komen bidden omdat ik me wanhopig voel."

„Ga in vrede," antwoordde Eli, „en de God van Israël zal u geven wat u van Hem gebeden hebt."

Zij werd zwanger, kreeg een zoon en noemde hem Samuël, want, zei ze: „Ik heb hem van de Here gebeden."

Hanna gaf haar kind vervolgens aan de Here terug. Ze was bereid om, zoals dr. White ook ons aanraadt te doen, haar recht om te bezitten, te genieten, trots op hem te zijn en zelfs haar recht om Samuëls ontwikkeling te begeleiden en voor al haar tranen vergoeding te krijgen, op te geven.

Haar zoon veranderde de loop van Israëls geschiedenis. Het scheppen en vormen van een dergelijk karakter is Gods werk!

Het prachtige danklied van Hanna in 1 Samuël 2 heeft altijd tot mijn eigen hart gesproken. „Er is geen rots gelijk onze God [Geborgenheit]... De boog der helden is verbroken, maar de wankelenden zijn met *kracht* omgord." Verderop in datzelfde hoofdstuk lezen we dat Hanna haar zoon elk jaar bezocht en hem een kledingstuk bracht dat ze zelf had gemaakt. Zij naaide er al haar moederliefde in vast; het was haar manier om hem te beschermen. De priester zegende haar. Hij zei tegen haar man, Elkana: „De Here geve u ... nakomelingen, in plaats van hem die aan de Here is afgestaan... En de Here sloeg acht op Hanna, zodat zij zwanger werd en nog drie zonen en twee dochters baarde."

Onze kinderen loslaten

Ik heb vaak een recept doorverteld voor het opvoeden van kinderen: ,,Krijg ze, houd van ze en laat ze los."

Maar toen voor mij de tijd gekomen was om mijn laatste kind los te laten, toen de jongste voorgoed uit huis ging, ontdekte ik hoe moeilijk dat was.

Door de jaren heen zijn er vrouwen geweest die tegen mij zeiden: ,,Mevrouw Trobisch, mijn nest is leeg. Wat moet ik nu?"

Ik zei dan gewoonlijk losjesweg: ,,Het snel weer vullen."

Maar zo gemakkelijk ging dat niet. Als ik de leeftijden van al mijn kinderen bij elkaar optelde, was ik al bijna zo'n 150 jaar moeder. Er waren bruiloften - vijf in elf jaar - waarbij ik in het openbaar mijn kinderen stuk voor stuk had moeten loslaten. Ik had gehoord dat het moeilijkste moment in een vrouwenleven komt wanneer ze haar laatste kind laat uitvliegen. Was mijn hart groot genoeg om na te zeggen wat Anna Lindbergh in haar gedicht *Even* (zelfs) verklaart:

> Ik wil dat hij, van wie ik houd
> vrij is -
> zelfs van mij.[8]

Mijn hart ervoer de geestelijke waarheid die Elizabeth O'Connor in haar boek *Cry Pain, Cry Hope* (een schreeuw van pijn, een schreeuw van hoop) onder woorden brengt. In het hoofdstuk ,,loslaten" schrijft zij:

> Mozes roept de Farao toe wat het leven ons toeroept: ,,Laat mijn volk gaan." Hoe zijn we daartoe in staat? De enige manier die ik weet is om je zegen mee te geven en dat van harte te menen.

> ...Jakob heeft de zegen van zijn vader nodig als hij het huis van zijn jeugd verlaat en wij hebben elkaars zegen nodig als we vrij willen zijn...[9]

Een moeder in Australië met kinderen in de puberleeftijd en ouder schreef me:

> *In een boek met overdenkingen over het lijden van onze Heer, las ik deze zin: „Door zijn strijd in Getsemané toonde Jezus aan, dat de weg meer offers zal vergen en dat ons pad doellozer zal lijken naarmate de vrucht van ons werk voor anderen machtiger is." Nu mijn gezin ouder wordt, besef ik dat „loslaten" verre van gemakkelijk is. Je lijdt onwillekeurig met je kinderen mee terwijl ze het leven in deze moeilijke en gevaarlijke tijd ervaren. Je wilt ze graag dichtbij je houden en beschermen, maar dat is niet Gods manier - dat zie ik nu wel in. Wij moeten Hem met onze kinderen laten doen wat Hij wil. Willen ze Hem in deze schrijnende wereld dienen, dan moeten ze zelf iets van de verwondingen en de pijn hebben ervaren.*

Het belangrijkste aspect van het loslaten dat ik moest leren, was mijn kinderen toe te staan hun eigen pijn te lijden. Ze moeten het stuur zelf in handen nemen.

Gebed

Al lang geleden beseften Walter en ik dat elke jongere hulp nodig heeft. Maar we wisten ook dat we niet altijd bij de hand zouden zijn op het moment dat onze kinderen onze hulp nodig zouden hebben. Elke keer dat we het voorrecht hadden een jongere bij een vitale beslissing te helpen, baden we, dat onze eigen kinderen de hulp die ze nodig hadden van de juiste persoon op het juiste moment zouden krijgen.

Herman Petit, een gebedsveteraan, zegt dat we bij ons bidden uit moeten gaan van die groei-cycli van zeven jaar. Onze kinderen zijn als boompjes die we voorzichtig planten, terwijl we de grond rondom bemesten en water geven. Zelfs bij een vruchtboom duurt het vaak zeven jaar voor we de eerste vruchten zien. God heeft ons geroepen om getrouw voor de boom te zorgen. Soms moet het boompje aan een paal ernaast worden gebonden om ervoor te zorgen dat het recht omhoog groeit en om het te beschermen tegen de wind die het zou kunnen doen afknappen. Maar het moment komt, net als in de puberteit, dat het boompje zover is dat de paal en het touw verwijderd kunnen worden. Gebeurt dat niet, dan kan de boom niet zelfstandig verder groeien en sterk worden. Dit is een van de meest cruciale momenten in het leven van onze kinderen, waarop onze verborgen krachten een grote rol spelen.

Ik ken geen andere kracht die zo sterk is als het gebed. Bidden zorgt ervoor dat de krachten van de hemel in ons huis en in het leven van hen van wie we houden, werkzaam worden.

Een nicht van mij heeft vijf kinderen van dezelfde leeftijd als waarin ik ze heb. Toen haar kinderen nog heel klein waren, raakte ze op tragische wijze haar man kwijt, toen deze bij het redden van hun poesje werd geëlektrocuteerd. Onlangs schreef mijn nicht mij het volgende:

> *Een van mijn dochters leeft voortdurend op scherp. En ik herinner me de tijden dat mijn andere kinderen opgroeiden en gevaarlijke keuzes maakten. Ik besloot: „Dit kan niet Gods wil zijn. Er moet iets zijn dat ik kan doen om het te stoppen," in plaats van dat ik rustig afwachtte tot God zijn wil duidelijk maakte. Maar nu begrijp ik dat ik eerst voor mijzelf om meer geloof moet bidden, zodat ik oprecht kan zeggen: „Gods wil geschiede," voordat ik voor mijn kinderen kan bidden.*

Er is een machtige belofte in het boek Jesaja die ik op mijn eigen gezin heb betrokken:

> Al uw zonen [en uiteraard ook uw dochters] zullen leerlingen des Heren zijn,
> en het heil uwer zonen zal groot zijn (Jesaja 54:13).

Het aanboren van uw verborgen kracht

1. Bent u het met de volgende uitspraken eens of oneens, en waarom? „Het idee dat ouders de verantwoordelijkheid dragen voor het falen van hun kinderen is onterecht. Ouders zijn evenmin verantwoordelijk voor de successen van hun kinderen."

2. Waardeer uw vermogen om met elk van uw kinderen te communiceren op een schaal van 1 tot 10. Lees dan nog eens de suggesties van de schrijfster door om beter te leren communiceren. Welke suggesties zullen u de komende week het meest van nut kunnen zijn? Op welke manier?

3. Trekken uw partner en uzelf één lijn ten opzichte van uw kinderen? Welke vier dingen kunnen uw partner en u doen om uw kinderen ervan te verzekeren dat u „nummer één" voor uw partner bent en dat dit ook omgekeerd het geval is?

4. Hoe helpt uw persoonlijke relatie met God u om de uitdagingen waarmee uw kinderen u confronteren het hoofd te bieden?

HOOFDSTUK 11

„Echtelijke" kracht

Hoe één plus één meer dan twee is

Ik weet niet meer wie het tegen me zei, maar de Here bevestigde het: „Leer op je eigen benen staan." Na Walters dood bleef ik over mijn schouder kijken om te zien wie zijn werk zou overnemen. Ik wilde er graag bij betrokken blijven, maar ik wilde niet de volle verantwoordelijkheid op me nemen. Ik wilde op vrienden leunen, op mijn kinderen en de kinderen die ik er door hun huwelijken bij had gekregen, of op christelijke leiders. Toen ik in de gaten kreeg dat God door zachte schouderklopjes van zijn Geest mijn aandacht probeerde te trekken, bleef ik hopen dat Hij zijn blik op iemand anders zou laten rusten. Ik wilde dat God iemand van de jongere generatie zou kiezen - iemand die graag wilde opbouwen, plannen maken, creatief zijn, leiding geven en nieuwe dingen opzetten. Ik voelde me veel plezieriger in mijn rol als verzorgster van de proviandering, het zorgen voor de passagiers in de boot, en ik wilde zeer zeker niet betrokken zijn bij het uitzetten van de koers die de boot zou nemen.

Onze levensgezel loslaten

Na Walters dood verliep er een cyclus van zeven jaar voordat ik „ja" kon zeggen op Gods oproep aan mij om onze idealen te gaan verwezenlijken. Ik moest eerst mijn man loslaten en beseffen dat God mij zelfstandig wilde leren lopen. Mijn herinneringen, hoe dierbaar ook, zouden niet voldoende zijn om de steile helling die voor mij lag te beklimmen.

,,Walter is gestorven. En niet jij! Je moet verder," zei een vriendin op een keer nogal scherp tegen me. Ik wilde niet naar haar luisteren. Ik was ervan overtuigd dat mijn leven ook bijna voorbij was.

Voordat mijn lieve grootmoeder stierf, riep zij mij bij haar bed en wenste ze mij Gods zegen toe in mijn roeping om naar Afrika te gaan. Twee maanden voor Walters dood had ik, zonder hem, in Indonesië de leiding van een studieserie over huwelijksproblemen. Hij wenste me daarvoor Gods zegen toe. We zagen Gods hand in het ontstaan van een nieuwe beweging van ,,echtelijke kracht" in dat land. Nu was voor mij - als weduwe - de tijd gekomen een nieuwe stap te zetten. Ik werd daartoe aangemoedigd door een brief van een vriendin in Canada:

> *Moge de Here je in alle opzichten in je verdriet blijven zegenen... in deze periode waarin je moet loslaten. De Here vroeg van je moeder, toen je vader stierf, diezelfde onderwerping aan Hem, zoals Hij die ook van zijn eigen moeder verlangde. Ga je weg vreugdevol verder en wees ervan verzekerd, dat je getuigenis aan ons allen gedragen wordt door de liefde en de wereldwijde gemeenschap waaraan jullie je beiden zo volledig hebben gegeven. ,,...Ik ga heen om u een plaats te bereiden... gij kent de weg"* (Johannes 14:2,4).

Loslaten betekent dat we ons eenzaam zullen voelen. We denken terug aan die gevoelens van eenzaamheid die we als kind of als jonge volwassene hadden als we ons afgewezen voelden. Het loslaten van mijn levensgezel was een heel pijnlijk proces. Maar de confrontatie hiermee was onderdeel van het op eigen benen leren staan, wat God mij probeerde te leren. Meister Eckart, een christelijke mysticus, bracht het volmaakt onder woorden, toen hij zei: „Voorwaarde dat God in ons kan zijn is dat we hebben losgelaten."

Ik vertelde over dit loslaten in mijn boek *Je moet alleen verder* (Ned. vertaling van „Learning to Walk Alone"; J.H. Kok, Kampen; 2e druk, 1987):

> Ik besefte dat ik, om te overleven en uit mijn op mijzelf gerichte wereldje te ontsnappen, een aantal gezondheidsregels in acht moest nemen: een uitgebalanceerd dieet, voldoende drinken, elke dag lichaamsbeweging en voldoende rust. Ik ging graag zwemmen. Een paar minuten lang zwom ik dan alles wat me bezwaarde van me af. Soms zag ik duidelijk voor mij wat de volgende stap was die ik moest zetten.
>
> Dat was het geval toen ik op een dag besloot om samen met Betty te gaan zwemmen. Zij zou kort daarop met Daniël gaan trouwen. Hij had als oudste zoon gevraagd of hij de trouwring van zijn vader mocht hebben. Tussen het zwemmen van een paar baantjes door nam ik, in de hoek van het zwembad, de ring van mijn vinger en schoof hem om die van Betty. Ik *was* met Walter Trobisch getrouwd en wat ik had zou me niet kunnen worden afgenomen. Maar nu had de dood ons gescheiden. Ik moest afstand doen om verder te kunnen gaan.[1]

De Psalmist zei: „God is ons een toevlucht en sterkte, ten zeerste bevonden een hulp in benauwdheden" (Psalm 46:1). *Toevlucht* is een ander woord voor *Geborgenheit*. God zelf belooft onze plaats van veiligheid en zekerheid te zijn. Wat kunnen we nog meer verlangen?

Een nieuwe taak

„Iedereen heeft een ideaal nodig waarvoor hij bereid is te leven en te sterven", zei Søren Kierkegaard eens. Ik vroeg mijzelf: *waarvoor ben ik bereid te leven en te sterven? Nu ik heb losgelaten, is het alsof Jezus me heeft aangeraakt, zoals Hij de vrouw met de kromgegroeide rug aanraakte. Ik kan weer rechtop staan. Wat wil Hij dat ik met de rest van mijn leven doe?* Volgens het boek *Passa-*

ges van Gail Sheeny begin ik nu aan de zeven jaar van de „middelbare volwassenheid" - het zou de beste zevenjaars-cyclus van mijn leven kunnen worden.

Zonder enige aarzeling wist ik wat mijn doel zou zijn: een instrument zijn om te helpen „echtelijke kracht" vrij te maken. Wat is „echtelijke kracht"? Het is de vermenigvuldigde kracht van twee rijpe mensen die „in de echt" zijn verbonden. Twee mensen kunnen samen meer doen dan twee mensen apart, vooral als zij beseffen dat zij als man en vrouw naar het beeld van God zijn geschapen. Samen weerspiegelen zij zijn beeld naar de wereld toe.

Zowel onze mannelijke als onze vrouwelijke aspecten moeten tot ontwikkeling worden gebracht als we Gods beeld naar een gebroken wereld toe willen weerspiegelen. Welke betere manier zou er zijn om echtparen hiervan te doordringen dan het organiseren van studieweekeinden voor hen. Ik wilde deze weekends „Quiet Water Retreats" (stille-wateren-bijeenkomsten) noemen - seminars die in verschillende centra, overal in de Verenigde Staten, zouden kunnen worden gehouden. In Duitsland hadden al meer dan zeshonderd echtparen aan zulke weekends deelgenomen, volgens de opzet die Walter en ik hadden ontwikkeld. Het effect van hun gezondmakende werking bleek „besmettelijk".

Drie stadia van liefde

We maken allemaal drie stadia door in de ontwikkeling van onze „liefde": de auto-erotische fase (*auto* betekent „zelf"), de homo-erotische fase (*homo* komt van het Griekse woord dat „hetzelfde" betekent) en de hetero-erotische fase (*hetero* betekent „ander").

Ik ben ervan overtuigd dat vele huwelijken en vele individuen zich nog steeds in de eerste fase bevinden: „Ik wil wat ik wil, wanneer ik het wil." Dat is het normale niveau waarop baby's en kleine kinderen opereren. Het is een ziekte van onze tijd, die „onmiddellijke bevrediging" wordt genoemd.

Anderen zijn in de tweede fase blijven steken. Als ze opgroeien is het goed dat jongens vriendjes hebben en meisjes vriendinnetjes. We moeten onze gevoelens en gedachten kunnen uiten en delen met leden van hetzelfde geslacht. Alleen dan worden we sterk genoeg om de ontmoeting met het andere geslacht aan te kunnen.

Het rijpe stadium van de liefde is de hetero-erotische fase - de liefdesrelatie tussen een in alle opzichten gerijpte man en een volledig gerijpte vrouw. Onze predikant vertelde ons wat zijn liefde voor zijn vrouw voor hem betekende:

> De liefhebbende man is er niet op uit om liefde te ontvangen. Zijn grootste geluk bestaat eruit liefde te geven. Daarop kan zijn vrouw reageren. Dat wat je wilt ontvangen, moet je geven. Een hart helemaal winnen, betekent je leven geven. Het huwelijk, die nauwe band met één bepaalde vrouw, is het oefengebied voor de man. Daar mag hij in praktijk brengen en leren wat hem gezag geeft in alle andere aspecten van zijn leven en zijn beroep.

Er zijn vandaag de dag zoveel jongeren - ja, zelfs christelijke jongeren - die denken dat al hun problemen opgelost zullen zijn als ze maar de juiste partner ontmoeten. Maar problemen moeten binnen de persoon zelf en niet via iemand anders worden opgelost. Jonge mensen moeten de uitdaging voorgehouden krijgen gezonde, evenwichtige individuen te worden, die zowel hun mannelijke als vrouwelijke trekken aanvaarden.

„Echtelijke kracht"

Wij willen twee evenwichtige mensen, man en vrouw, stimuleren tot verdere groei. Als zij vervolgens samenkomen, is er een derde éénheid. Dat is „echtelijke kracht". Het begint met 300 procent en het blijft zich vermenigvuldigen naarmate man en vrouw elkaar de ruimte geven om tot bloei te komen en te groeien. Vaak ziet men dat, als twee gedeeltelijk gerijpte mensen, Mijnheer 50 Procent en

Mevrouw 50 Procent, met elkaar trouwen, zij tegen elkaar wegvallen of, met geluk, samen opgeteld 25 procent opleveren. Tijd, geld, seks - al die dingen scheppen problemen voor hen en ze moeten inzicht en wijsheid zien te ontwikkelen om die op te lossen.

Zoals al gezegd: getrouwd zijn is hard werken. Het is geen einddoel, maar een groeiproces. Om effectief te kunnen zijn, moet een echtpaar zich voeden: zij moeten voortdurend kracht, die het gevolg is van een hechte en liefdevolle relatie van elk van beiden met de Bron van alle kracht, tot zich nemen. Zonder dat voedsel zal het huwelijk zijn als een vuur dat enige tijd goed opvlamt, maar dan uitgaat omdat er geen nieuwe houtblokken op worden gelegd. Een vuur waar niet naar wordt omgekeken, gaat al gauw uit en wordt niet meer dan een hoopje as.

Een vrouw moet van haar man weten: ,,Jij bent OK voor mij." Het is voor haar heel gemakkelijk daaraan te twijfelen als zij haar echtgenoot, deze man die zoveel kan, naar zijn werk ziet gaan, terwijl zij achterblijft met de afwas, de luiers en de opvoeding van de kinderen. Zij vraagt zich af: *Heeft hij mij wel echt nodig? Zou hij niet meer voor Gods koninkrijk kunnen doen als hij niet getrouwd was, als hij net als Jezus celibatair was?* De grootste emotionele behoefte van een echtgenote is om te weten dat zij nodig is en dat zij in haar eigen waarde wordt erkend.

,,Werkt je vrouw?" vroeg iemand eens aan David, mijn schoonzoon.

,,En óf," antwoordde hij, ,,en heel wat harder dan ik. Katrine is thuis bij onze kleine kinderen die nog niet naar school gaan en gelooft dat het haar roeping is om 'mensen te maken!' "

En de man dan? Wat is zijn grootste behoefte? Ik geloof dat een man gemakkelijker en dieper kan worden gekwetst dan een vrouw. Dr. Paul Popenoe, een bekend schrijver van boeken over opvoeding en gezinsrelaties, zegt: „Mannen zijn hard, maar broos. Vrouwen zijn zacht, maar taai." Vrouwen kunnen zich gemakkelijk aanpassen; zij kunnen beter moeilijkheden doorstaan. De zelfmoordstatistieken zijn hoger voor mannen en er overlijden meer mannen dan vrouwen aan een hartaanval.

In *De man, een onbegrepen wezen* (Ned. vertaling van: „All That a Man Can be"; J. H. Kok, Kampen; 3e druk, 1988), schreef Walter:

> Wij mannen hebben moeite de rol van het sterke geslacht te spelen. We doen er ontzettend ons best voor, maar het resultaat is niet erg geloofwaardig. In onze jonge jaren koesteren we wellicht illusies over onszelf, maar later, als we getrouwd zijn, ontdekken we dat onze pogingen weinig bijval oogsten. De echte vrouw kijkt door zulke pretenties heen en zou haar man willen vragen om alleen maar een vriendelijk mens te zijn en niet de een of andere superman.[2]

Dr. R. Affemann, een Duitse schrijver, zegt:

> Liefhebben is een onafgebroken proces van het hoofd bieden aan desillusies en teleurstellingen in de ander. Deze taak moeten we elke dag weer opnieuw onder ogen zien. Alleen dan blijft de liefdesrelatie op de werkelijkheid gebaseerd. Echt geluk is niet gebouwd op valse voorstellingen, maar op de waarheid.[3]

Liefde ziet de ander zoals hij is en aanvaardt hem als zodanig. Liefde betekent ook dat *ik mij aan mijn partner kan laten zien zoals ik ben, omdat ik weet dat ik ook zo word geaccepteerd.*

Wortels van ontrouw

Maar wat doet de man die zich onprettig en weinig op zijn gemak voelt? Hij verdedigt zichzelf, want hij wil niet gekwetst worden. Hij lijdt intens als hij zich bedreigd voelt en dat wekt bepaalde reacties op. Zijn laatste middel is ontrouw door overspel. Veel mannen die zeggen dat hun sterke seksuele verlangens hen tot buitenechtelijke seksuele activiteit bewegen, lijden zonder dat zij dat zelf beseffen, omdat hun ambities en verlangens op andere terreinen onvervuld zijn gebleven.[4]

De andere wortel van ontrouw is het verlangen naar *Geborgenheit*, dat prachtige Duitse woord dat ik heb overgenomen en dat meer betekent dan onderdak, beschutting en veiligheid bij elkaar. *Geborgenheit* is de basis waarop het huwelijk rust. Het is afgeleid van het woord *bergen*, dat „redden, naar een veilige plaats brengen" betekent. *Burg* is het Duitse woord voor „burcht, versterkte plaats, kasteel". We hebben het dus over een veilige plaats waar we naartoe zijn gebracht, waar we niets hebben te vrezen. In een huwelijk dat leeft, voelen beide partners zich veilig; ze zijn niet bang en voelen zich met hun levensgezel op hun gemak; elk van beiden is ervan overtuigd dat zijn of haar partner alleen het beste voor de ander wil. Geeft een man zijn vrouw deze *Geborgenheit*? Vindt een man dat gevoel van geborgen-zijn als hij bij zijn vrouw is. Of schort er iets aan? Dat kan zijn fout zijn, maar ook die van haar. Maar vaak zorgt geen van beiden voor deze *Geborgenheit*.

De bedoeling van onze seminars is om de huwelijkspartners te helpen hun *Geborgenheit* te vinden en met elkaar te delen. Door onze lezingen, die allereerst kennis verschaffen aan de echtparen, vervolgens inzicht, en ten slotte hun gedragspatroon veranderen, willen we hen de mogelijkheid bieden hun „echtelijke kracht" aan de oppervlakte te laten komen. Bij het seminar gebruiken we veel geschreven dialoog; de oefeningen helpen elke deelnemer om met zijn eigen gevoelens, maar ook met die van zijn partner in aanraking te komen. Christus houdt van ons zoals we zijn, maar Hij laat ons niet waar we zijn. We houden de deelnemende echtparen dit fundamentele beginsel voor: „Je kunt je partner niet veranderen; je kunt alleen jezelf veranderen - en de Heer staat te wachten om je daarbij te helpen."

Ik heb het voorrecht gehad echtparen te ontmoeten die al bezig zijn het aanzien van deze aarde te veranderen door hun „echtelijke kracht". Ik denk aan de twaalf echtparen in Duitsland die al meer dan tien jaar als team opereren - die op hun beurt zeshonderd andere echtparen in hun discussieweekeinden hebben getraind. Een deelnemer zei tegen een van de leidinggevende echtparen: „Het is niet dat jullie zoiets revolutionairs te zeggen hebben, maar jullie zeggen het **samen** - en dat maakt een wereld van verschil uit."

De drie belangrijkste wortels van „echtelijke kracht" zijn *genade* (vergeving), *toewijding* en *aanvaarding*. Deze worden gevonden in die persoonlijke, geheime, veilige relatie met onze liefhebbende Vader. In bijbelse tijden openbaarden Priscilla en Aquila, de man en de vrouw die Paulus in 1 Korintiërs 16 noemt, hun „echtelijke kracht" in de kerk die in hun huis samenkwam; anderen ontdekten hun eigen innerlijke kracht als gevolg daarvan. Ons doel is datzelfde nu, vandaag, en hier, in ons deel van de wereld, te zien gebeuren.

Het aanboren van uw verborgen kracht

1. Wat is „echtelijke kracht"? Pas de definitie van de schrijfster toe op uw eigen specifieke relatie. Op welke manieren, denkt u, wil God u tweeën gebruiken om zijn bedoelingen te verwezenlijken?

2. De schrijfster zegt: „Getrouwd zijn is hard werken. Het is geen einddoel, maar een groeiproces." Bent u het daarmee eens? Waarom of waarom niet?

3. Noem vijf dingen die een man steeds van zijn vrouw nodig heeft en dan vervolgens vijf dingen die een vrouw van haar man nodig heeft om de vlam brandende te houden.

4. Wat zijn drie gebieden waarop uw partner regelmatig *Geborgenheit* nodig heeft? Probeer ten minste met één idee te komen hoe u op elk van deze drie terreinen dat gevoel van rust, veiligheid en beschut-zijn kunt verschaffen.

HOOFDSTUK 12

De weg naar huis vinden

Onze plaats in Christus – en de gave van innerlijke kracht

Op de vraag aan Stephen, onze jongste zoon, om in een brief aan de familie iets te willen zeggen als nagedachtenis aan zijn vader, schreef hij:

> *Vader zal in mijn herinnering altijd voortleven als een „reiziger". Vooral toen ik jonger was, was het een van de moeilijkste dingen om hem en moeder te zien vertrekken. Maar op het moment dat we weer allemaal bij elkaar waren, leek het alsof al het wachten, al het verlangend uitzien en het gevoel van alleen achtergelaten te zijn, volledig vergeten was.*
>
> *Ik herinner me nog goed hoe hij eens vroeg wat me gelukkig zou maken. Ik zei: „Weer thuis komen."*
>
> *Zijn antwoord was: „Hoe kun je weer thuiskomen, als je niet eerst van huis bent weggegaan?"*

Waar ons thuis is

Een deel van onze verborgen kracht is het gevolg van de wetenschap waar ons thuis is. Onlangs kwam ik terug van een reis van zes weken door vijf Europese landen, waaronder Oost-Duitsland. Tijdens die periode sliep ik zelden meer dan twee nachten in hetzelfde bed. Ik leefde uit mijn koffer. Een paar weken lang waren mijn Bijbel, mijn bijbels dagboek, met daarin op blanco bladzijden de foto's van mijn gezin geplakt, mijn dagboek en mijn notitieboekje mijn „thuis". Had ik dat kunnen volhouden als ik niet had geweten dat ik na die zes weken weer terug zou keren naar mijn „plek" in Springfield, mijn *Haus Geborgenheit*? Ik weet het niet. De dag dat ik veilig terugkeerde, was mijn hart vervuld met dankbaarheid jegens mijn hemelse Vader, dat Hij mij deze thuisbasis had gegeven. Ik denk dat ik hetzelfde gevoel kende als de Israëlieten hadden toen zij na de ballingschap naar Jeruzalem terugkeerden: „Wij waren als degenen die droomden. Toen werd onze mond vervuld met lachen, onze tong met gejuich" (Psalm 126: 2). Als er zoveel vreugde is bij onze terugkeer naar ons aardse huis, wat zal dan de vreugde zijn wanneer we onze hemelse woning bereiken!

Henri Nouwen schreef in *Lifesigns* (Levenstekens):

> Als Jezus zegt: „Maak woning in Mij, zoals Ik woning in u maak," biedt Hij ons een intieme plaats die we echt „thuis" kunnen noemen. Thuis is de plaats waar we nergens bang voor hoeven zijn, waar we niet steeds op onze hoede hoeven zijn, waar we ons vrij voelen, vrij van zorgen, vrij van spanningen, vrij van pressie. Thuis is waar we kunnen uitrusten en herstellen.[1]

Mijn oudste zoon Daniël en zijn vrouw Betty werken in Oostenrijk met probleem-jongeren. Op een dag vroeg ik mijn zoon: „Wat is je doel bij je werk?"

„Mensen de weg naar huis wijzen," was zijn simpele antwoord.

Mijn doelstellingen

Kortgeleden zei een goede vriendin tegen me: „Ingrid, ik word al moe als ik naar je werkschema kijk."

Ik moest eerlijk zijn. „Ja, Lil, ik word er ook moe van, maar het is de moeite waard."

In alles wat ik doe voel ik een stille drang, een stem in mijn binnenste die zegt: „Doe het nu." Ik heb geleerd om het moment van het heden dat ons is gegeven op prijs te stellen. Ik probeer niet harder, maar slimmer, te werken. Ik heb ook geleerd dat het niet voldoende is om efficiënt te zijn. Ik moet ook effectief zijn. Om dat te bereiken heb ik doelstellingen nodig die haalbaar zijn en waarvan ik mij een voorstelling kan maken.

Tijdens een kortgeleden gehouden dag voor pastorale werkers in Springfield spraken we over hoe je je leven moet indelen. De leider vroeg mij om de aanwezigen te vertellen wat mijn doelstellingen voor dit jaar zijn. Ik zei tegen de groep: „Ik wil vier seminars voor echtparen organiseren en leiden. Mijn bedoeling is om de problemen bloot te leggen en hen een nieuwe richting te wijzen - naar hun ware bron van innerlijke kracht: een diepe, persoonlijke, liefdevolle relatie met hun hemelse Vader. Ik geloof dat dat het beste zendingswerk is dat ik kan doen. Als ik één of twee gezinnen kan redden, zal dat de mensen overtuigen van de inwonende kracht van de Heilige Geest. Dan zal ik het gevoel hebben dat ik mijn doelstellingen voor het jaar heb bereikt."

Het organiseren van deze vier seminars hield in dat ik een team van leiders moest samenstellen, de juiste lokaties moest vinden en voor de deelnemers moest bidden. „Doe elke dag drie telefoontjes," adviseerde de groep. Het werkte. Elk seminar was volgeboekt en we moesten mensen naar het volgende verwijzen. Nu stellen we de data voor volgend jaar vast. Iemand zei heel toepasselijk: „Ik help graag mensen bij hun start op weg naar huis."

Toen ik een aantal jaren geleden van de Lichtenberg naar Springfield verhuisde, vond ik op het terrein rond mijn huis een honderd jaar oude hut. Het dak stond op instorten, maar de schoorsteen en de open haard waren nog prima. De zolderbalken waren met de hand gehakt en waren ook intact. Mijn pioniershut stond wat scheef omdat er bij een van de hoeken een stevige boom was gegroeid. Ik vroeg een vriend die verstand had van bouwen wat hij van een eventuele restauratie dacht. Zijn antwoord was: „Ingrid, geef me een lucifer, dan steek ik de boel in brand!"

Maar de volgende dag kwam hij terug met concrete ideeën over hoe ik mijn historische gebouwtje zou kunnen restaureren en wat het zou kosten. Ik nam mijn verzekeringspolis op om het te financieren en twee sterke neven van mij hielpen bij het werk. Drie maanden later vierden we de inwijding van de „New Life Cabin". Ik houd van de eenvoud en de stilte van de hut en ik moet denken aan dat tekstgedeelte dat mijn wachtwoord werd toen ik hiernaartoe verhuisde:

> En de Here zal u voortdurend leiden,
> u in dorre streken verzadigen
> en uw gebeente krachtig maken;
> dan zult gij zijn als een besproeide hof
> en als een bron waarvan het water niet teleurstelt.
> En de uwen zullen de *overoude puinhopen* herbouwen,
> de grondvesten van vorige geslachten zult gij herstellen,
> en men zal u noemen: *Hersteller van bressen,*
> *Herbouwer van straten.*
> (Jesaja 58:11,12, cursivering toegevoegd)

„Het is in orde"

Op het moment dat ik dit schrijf heb ik vijf kleinzoontjes, allemaal beneden de zes jaar. Als u hun namen hoort, ontdekt u iets van de levensvisie van hun ouders: Peter, Andreas, Michael, Charles en James. En ik heb drie kleindochters: Christine, Virginia en Margaret Helen. Margaret Helen is een mongooltje; zij lijdt aan het Down-syndroom en ze is al door God gebruikt om ons als familie een boodschap te brengen. Zij heeft ons het geheim geleerd van wat het betekent om „jezelf te laten liefhebben". Toen ik het nieuws van haar geboorte kreeg en het mijn zoon Stephen vertelde, zei hij: „Het is goed, moeder."

Datzelfde zei de Sunamitische vrouw, wiens verhaal in 2 Koningen 4:8-37 wordt verteld. Toen haar zoon, van wie ze zoveel hield, stierf, zei zij: „Alles is wel." Het was een woord van aanvaarding, maar tegelijkertijd ook van geloof in wat God in de situatie zou doen. Zij was een vrouw van stil vertrouwen en volharding en had haar innerlijke kracht gevonden. Zij was al op weg naar huis. Haar geloof werd beloond en de profeet wekte haar zoon weer tot leven.

De innerlijke kracht wordt door Paulus beschreven in Romeinen 5:5: „De liefde Gods is in onze harten uitgestort door de Heilige Geest, die ons gegeven is."

In haar boek *Winter Grace* (winterse genade) citeert Kathleen Fisher Thomas Mertons beschrijving van middelpunt-zoekend gebed als „het vinden van de spil van ons diepste wezen, het tot leven wekken van de diepste diepten van ons wezen in Gods aanwezigheid, die de kracht van ons bestaan en ons leven is".[2] *Zijn beschrijving is ook van toepassing op onze verborgen kracht.*

Deze innerlijke kracht komt als een gave, maar we moeten die aanvaarden, uitpakken en beginnen ons eigen te maken. Op regelmatige tijden op onze eigen „plek" te zijn, klaar voor een intieme ontmoeting met onze Vader, geeft ons een gevoel van stabiliteit en maakt ons ervoor klaar de gave te ontvangen.

Het helpt ons als we beginnen met onze geest op geestelijk ademen te concentreren. Bij het uitademen, ademen we al onze vrees en zorg weg, we belijden onze zonden en we erkennen Gods vergeving door Christus' dood aan het kruis. Bij het inademen ademen we de liefde en het leven van God in, terwijl we door het geloof beslag leggen op de volheid en de kracht van de Heilige Geest. Wij gehoorzamen Gods bevel om „vervuld met de Geest" (Efeziërs 5:18) te zijn, wat niet minder betekent dan dat we voortdurend worden beheerst en bekrachtigd door de Heilige Geest. Wanneer we ons de volheid van Gods Geest hebben eigengemaakt, kunnen we in het geloof verdergaan en het volle, vruchtbare leven ervaren dat Christus ons heeft beloofd.

Het heeft mij geholpen mijn gebedstijden te beginnen met woorden uit de Psalmen, zoals:

> Bewaar mij, O God, want bij U *schuil* ik.
> Ik heb tot de Here gezegd: „Gij zijt mijn Here,
> ik heb geen goed buiten U..."
> Ik stel mij de Here bestendig voor ogen.
> Omdat Hij aan mijn rechterhand staat, wankel ik niet...
> zelfs mijn vlees zal in veiligheid wonen ...
> Gij maakt mij het pad des levens bekend;
> overvloed van vreugde is bij uw aangezicht,
> liefelijkheid is in uw rechterhand, voor eeuwig.
> (Psalm 16, cursivering toegevoegd.)

Hij heeft beloofd mij langs stille wateren te leiden en mijn ziel te verkwikken (Psalm 23).

Hij belooft u hetzelfde:

> Wie in de *schuilplaats* des Allerhoogsten is gezeten,
> *vernacht* in de schaduw des Almachtigen.
> Met zijn vlerken beschermt Hij u,
> en onder zijn vleugelen vindt gij een toevlucht.
> (Psalm 91:1,4; cursivering toegevoegd.)

Slechts daar - onder zijn bescherming en toevlucht - is uw *Geborgenheit* te vinden. Daar vindt u uw bron van verborgen kracht en ware rust. Daar kunt u uw vreugde paren aan die van de onbekende schrijver uit de 15e eeuw, die het als volgt uitdrukte:

> U zult Hem kennen als Hij komt,
> niet begeleid door tromgeroffel,
> noch door het ruisen van de wind,
> noch door de kleding die Hij draagt,
> noch door zijn kroon
> of door zijn mantel.
> Zijn aanwezigheid wordt kenbaar
> in de *Heilige Rust*
> die zijn komst in u teweegbrengt.

Het aanboren van uw verborgen kracht

1. Jezus zei: ,,Maak woning in Mij, zoals Ik woning in u maak." Wat betekent dit voor u persoonlijk? Hoe doe je dat: woning maken in Jezus?

2. Herlees het gedeelte in dit hoofdstuk over ,,geestelijk ademen" nog eens. Neem het besluit om de rekening bij God steeds te vereffenen - door uw zonden te belijden zodra de Heilige Geest die aan u duidelijk maakt en door zijn vergeving en reiniging te vragen. Dat is de sleutel tot toenemende intimiteit met God.

3. Is Jezus uw *Geborgenheit?* Of gaat iemand of iets boven Hem? Maak Hem vandaag tot uw plaats van rust, veiligheid en beschutting.

4. Lees Jesaja 58:11 hardop en pas het op uw persoonlijk leven toe door ,,mij" en ,,mijn" te lezen in plaats van ,,u" en ,,gij".

Uit het hart van een moeder

Vlak voor de geboorte van haar vijfde kind bracht mijn jongste dochter, Katrine, vier dagen in alle rust door, zonder haar gezin. Haar jongste zoontje, Charles, bijna drie jaar oud, wist niet goed wat hij van haar afwezigheid moest denken en zei tegen zijn vijfjarige broertje James: „Ik denk dat mama dood is en nu in de hemel is."

Hun vader, die naar hun gesprek luisterde, hoorde James' wijze antwoord: „Nee, ze is alleen maar in Disneyland." (Dat was waar Christine en Virginia, zijn twee grotere zussen, met hun grootouders waren.)

Katrine, die zich teruggetrokken had in het gastenverblijf van vrienden aan de kust van Florida, gebruikte die vier dagen om deze overdenkingen voor jonge moeders te schrijven. Zij schreef ze voor de tijd dat haar eigen dochters dezelfde ervaringen zouden hebben als zij nu doormaakte. Ze komen uit het hart van een moeder en zowel Katrine als ik willen die graag met u delen.

Katrine en haar man, David Stewart, beschouwen zichzelf als tentmakers, zoals Paulus in het boek Handelingen. Zij hebben op verschillende plaatsen in de wereld voor het Amerikaanse Vrijwilligerswerk gewerkt en zijn op het moment dat ik dit schrijf in Pakistan.

Ingrid Trobisch

Het gaat de Heer niet zozeer om
de belangrijkheid van ons werk
maar vooral om de liefde waarmee het wordt gedaan.

Teresa van Avila

De verspilling van het leven is in de liefde die we niet hebben gegeven,

de mogelijkheden die we niet hebben benut,
in de zelfzuchtige omzichtigheid die niets wil riskeren,
die weliswaar pijn vermijdt, maar ook veel geluk misloopt.

Anoniem

1.

Van nu aan zullen mij zalig prijzen alle geslachten (Lucas 1:49).

Ik zou geen voorbeeld in de Bijbel kunnen aanwijzen dat een vrouw zich diep ongelukkig of zelfs gehandicapt voelde omdat ze zwanger was. Sara, Rebekka, Hanna, Elisabeth, Maria en vele anderen beschouwden zich als door de Heer gezegend toen ze een kind mochten dragen. Maria raakte zwanger onder de moeilijkst denkbare omstandigheden. Zij was nog ongetrouwd. Haar verloofde zou haar naar alle waarschijnlijkheid afwijzen. De stad waarin zij woonde, zou haar met afkeur behandelen. Als ze in onze tijd had geleefd, zouden velen een abortus hebben voorgesteld. Maar toen de engel aan Maria verscheen, kwam er geen klacht over haar lippen. We kunnen allemaal van haar ervaring leren!

Kortgeleden, toen mijn vijfde zwangerschap net zichtbaar begon te worden, kwam er tijdens een bijeenkomst een vrouw naar me toe. Ik kende haar niet. Maar ze wilde voor me bidden. Ze vroeg de Heer of Hij bij mij alle negatieve gevoelens over mijn zwangerschap wilde wegnemen. Ik was dankbaar voor haar gebed. Maar daarna vroeg ik me af in welke richting onze maatschappij zich beweegt als we om zulke dingen moeten bidden.

God schenkt ons een gunst als Hij ons een kind te dragen geeft en ons daardoor deel laat hebben aan zijn voortgaande schepping.

Gebed:
Wij prijzen U, loven U, verheerlijken U, omdat U ons de gift van het leven hebt geschonken.

Uitdaging:
Probeer uw bittere en beschuldigende gedachten jegens ongevoelige mensen in humoristische banen te leiden.

Houd een paar vriendelijke, grappige antwoorden achter de hand om op eventuele sarcastische opmerkingen te reageren. Probeer zelfs om de meest smakeloze opmerkingen te lachen.

Of als iemand tegen je zegt: ,,Gunst, jij zult je handen wel vol hebben," kun je met een ,,zacht antwoord" reageren, zoals: ,,Zou het niet jammer zijn als ze leeg waren?"

2.

Laat ieder voor zich zijn eigen vrouw zó liefhebben als zichzelf en de vrouw moet ontzag hebben voor de man (Efeziërs 5:33).

Je man moet je bondgenoot zijn. Je kunt de gezinskar niet zonder hem trekken. Uit je gevoelens van frustratie, jaloersheid, zelfs woede, en praat erover. Probeer opbouwend te zijn. Blijf niet zeuren. Je man kan je alleen begrijpen en zijn zorg voor je op tastbare manier tonen als je hem steeds vertelt wat er in je omgaat. Je weet zelf hoe gecompliceerd je gevoelens zijn.

Nu, meer dan ooit tevoren, hebben man en vrouw de onophoudelijke taak om met elkaar te communiceren. Als huwelijkspartners er geen absolute prioriteit van maken om tijd vrij te maken om met elkaar te praten, zullen andere ,,communicaties" (en u weet wel wat ik daarmee bedoel) de beschikbare ruimte innemen.

Je man is degene die de sleutel tot je geluk als moeder in handen heeft. Je kunt in de voorste linies standhouden als hij aan je zijde staat. Als iemand aan David vraagt of ik werk, zegt hij meestal: ,,Katrine werkt harder dan ik." Dat soort erkenning en waardering binnen het gezin geeft mij de kracht om de pressie van de buitenwereld te doorstaan.

Gebed:
Raak alstublieft de harten van gevoelloze echtgenoten aan.

Uitdaging:
Neem de tijd om een liefdesbrief aan uw man te schrijven. Bedank hem ervoor dat hij u fulltime *moeder* laat zijn. Bent u zich ervan bewust dat dat in onze maatschappij steeds meer een voorrecht en luxe wordt?

3.

Draagt elkanders lasten (Galaten 6:2).

Wij horen die opdracht zo dikwijls. Wat betekent het voor ons? Hoe kunnen we dat in praktijk brengen? De grootste last die we voor iemand kunnen voelen en dragen, is waarschijnlijk de last voor ons eigen zieke of gewonde kind. We kunnen ook intens lijden om een emotionele wond die onze man of ons kind heeft opgelopen. Christus is ervan op de hoogte en ook in dit geval heeft Hij ons als moeder in een bevoorrechte positie geplaatst, waarin we uit de eerste hand kunnen leren wat het betekent de lasten van de ander te dragen.

Neem het besluit om de volgende keer dat een vriendin ziek is niet alleen maar via de telefoon te zeggen: „Ik zal voor je bidden," terwijl je dat zelfs misschien niet eens zult doen. Bedenk allereerst wat je voor je eigen kind zou doen als het ziek was. En vraag je vervolgens af wat je voor je vriendin kunt doen. Onze hemelse Vader houdt van ons als zijn eigen kinderen. We moeten, zo goed we kunnen, die zelfde liefde in onze kring van vrienden en bekenden trachten na te volgen.

Weest in broederliefde elkander genegen (Rom. 12:10).

Laten wij liefhebben niet met het woord of met de tong, maar met de daad en in waarheid (1 Johannes 3:18).

Gebed:

Wij danken U voor de talloze gelegenheden dat we kunnen helpen andermans lasten te dragen.

Uitdaging:

Houd haar aan haar woord, als een vriendin (of een grootmoeder) weer eens tegen u zegt: ,,Laat het me even weten als ik je ergens mee kan helpen". Maak een lijstje en geef haar dat. Hier zijn een paar suggesties:

Help mij, zodat ik plannen kan maken voor wat vrije tijd voor mijzelf.

Ik zoek iets goeds om te lezen, terwijl ik de baby voed, bij voorkeur iets wat je zelf hebt gelezen en de moeite waard vond.

4.

[Liefde] zoekt zichzelf niet (1 Korintiërs 13:5).

Soms maken de onophoudelijke taken van het moederschap dat we ons alleen, ongelukkig en ellendig voelen. Alle moeders hebben af en toe het gevoel dat ze de verantwoordelijkheid niet aan kunnen en niet voldoende tijd kunnen vinden om een jong kind op te voeden. En toch weten we, in het diepste van ons wezen, dat we nooit voor die verantwoordelijkheid zullen of kunnen wegvluchten ,,Zorg dat gij de bediening, die gij in de Here aanvaard hebt, ook vervult" (Kolossenzen 4:17).

Op dit punt ontdekken sommige vrouwen een nieuwe dimensie van schuld. Wij kijken in die onschuldige, vragende, lieve oogjes en beseffen dat we nooit helemaal kunnen geven waar die pleitende oogjes om vragen. Nee, we kunnen onszelf niet onvoorwaardelijk aan of voor dat kleine wezentje geven. En evenmin aan onze echtgenoot. We beseffen dat we, als we op onze eigen reserves moeten rekenen, niet in staat zijn om de vrede in ons gezin te waarborgen. We zijn bang dat onze echtgenoot ons en ons werk in en om huis als een pure vanzelfsprekendheid zal zien.

Duidelijker dan ooit tevoren zien we in dat we niet op volmaakte wijze kunnen liefhebben. Maar dat is ook niet nodig. Dit citaat kan ons misschien van nut zijn om aan de kracht en de liefde uit een andere bron te blijven denken: „De levende Heer heeft nog steeds twee handen, één om de weg te wijzen en de ander die naar ons is uitgestrekt om ons verder te helpen."

We moeten proberen onze moederliefde te maken tot een weerspiegeling, hoe onvolmaakt ook, van de liefde van de hemelse Vader voor zijn kinderen. Anderen moeten ons niet kennen als negatief, verbitterd of gefrustreerd. In plaats daarvan kunnen we liefde, geduld, nederigheid en vriendelijkheid uitstralen.

Gebed:
Dank U, Heer, dat U ons een nieuwe dimensie van de liefde leert door onze kinderen. (Zie Lucas 6:38.)

Uitdaging:
Lees 1 Korintiërs 13:4-8a hardop en vervang het woord *liefde* door uw eigen naam.

5.

Hiervan toch ben ik ten volle overtuigd, dat Hij, die in u een goed werk is begonnen, dit ten einde toe zal voortzetten, tot de dag van Christus Jezus (Filippenzen 1:6).

Vaak hoor je zeggen: „Je moet me maar nemen zoals ik ben. Ik kan het niet helpen!" of: „Zo doen we dat hier nu eenmaal!" Als we met zulke gedachten genoegen nemen, komt dat omdat de duivel wil dat we ons verlies toegeven. De strijd is dan voorbij. Het enige in de wereld dat echter niet verandert, is God. Wij kunnen onze omstandigheden in belangrijke mate wijzigen, vooral als we God om raad, hulp en kracht vragen. En God is machtig genoeg om ons volgens zijn goede voornemen te veranderen.

Geef de moed niet op als de baby voor de vijfde keer binnen een uur begint te huilen - of als hij niet ophoudt met huilen. Probeer na te gaan wat er aan de hand is, wat u van uw stuk heeft gebracht of wat de baby van streek heeft gemaakt. Stel orde op zaken bij uzelf. Verzin een nieuwe benadering. Dat zou elke goede generaal doen als hij in een ongewenste situatie terechtkwam. Stel voor de volgende dag een nieuw actieplan op. Verander bijvoorbeeld het tijdstip waarop de baby een dutje doet. Pak hem niet op als hij al eerder wakker wordt. Breng wat afstand tussen hem en uzelf. Laat hem desnoods een tijdje huilen voordat u naar hem toegaat. Zoek wat afleiding in een goed boek. Zet de wekker.

Dat soort dingen doen wonderen voor uw gemoedsrust. Vraag bij elke etappe die u aflegt om Gods wijsheid (zie Jakobus 1:15). Hij zal zijn werk in u volvoeren. „Ik leer en onderwijs u aangaande de weg die gij gaan moet; Ik raad u, mijn oog is op u" (Psalm 32:8).

Gebed:
Dank U, Heer, dat er steeds een nieuw begin is.

Uitdaging:

Analyseer uw dagindeling. Met welke gedeelten bent u het minst gelukkig? Hoe kunt u die veranderen? Wees creatief en constructief. „Wentel uw weg op de Here en vertrouw op Hem en Hij zal het maken" (Psalm 37:5).

6.

Uw werk in de Here is niet vergeefs (1 Korintiërs 15:58).

Wij moeten onszelf niet al te serieus nemen. We hebben allemaal gebreken en tekortkomingen. We moeten de valleien van ons leven zo mooi mogelijk maken, want we weten dat we spoedig naar de bergtop zullen terugkeren. Met betraande ogen, waaruit woede en bitterheid spreken, naar deze hoogtepunten in onze ervaring staren, brengt ze geen millimeter dichterbij. En evenmin maakt het onze vallei leefbaarder. Alleen hard werken en vastbeslotenheid zijn de dingen die ons terug naar omhoog brengen.

Misschien denkt u dat uw man meer vervulling en erkenning vindt in zijn beroep dan u vindt in uw taak als moeder. Analyseer uw gevoelens. Vraag uzelf: Wat is belangrijker, veel kinderen te leren hoe ze moeten optellen of één kind te vertellen van de Heiland?

U bent als een groot kunstenaar die aan het mooiste werkstuk van zijn leven bezig is. U moet voor ogen houden hoe het eruit zal zien als het klaar is. Anderen zien misschien alleen de ruwe steen, waarin u, naar het schijnt vruchteloos, hakt. Zij zien een massa splinters - onverzorgde, onhandelbare jongeren - en vinden zelden woorden van bemoediging, omdat zij uw visie missen. Aanvaard uw roeping en besef dat u maar weinig directe erkenning voor uw werk zult vinden.

Gebed:
Heer, reinig mijn hart van jaloersheid en bitterheid.

Uitdaging:
Deel uw gevoelens van angst, frustraties en afgunst met uw man. Verlang van hem dat hij u vaker geruststelt. U moet met hem praten, wil hij u kunnen begrijpen. Een baby mag eisen dat hij zonder woorden wordt begrepen – een intelligente volwassene niet. Misschien kan uw man u helpen om u te richten op iets speciaals, waarnaar u in de *nabije* toekomst kunt uitzien.

7.

Indien echter iemand zijn eigen huis niet weet te bestieren, hoe zal hij voor de gemeente Gods zorgen? (1 Timoteüs 3:5).

C. S. Lewis heeft gezegd: ,,We moeten geen lasten opnemen die God niet op ons legt. Een van de nadelen van de snelle verbreiding van het nieuws is dat we elke morgen de ellende van de *hele* wereld voorgeschoteld krijgen. Ik geloof dat het de bedoeling was dat elk dorp zou meevoelen met zijn eigen zieken en behoeftigen, die men kan helpen, maar ik betwijfel of het de plicht is van elk individu om zich bezig te houden met problemen die hij niet kan verhelpen."

We hebben een geweldige kans om in ons eigen gezin iets tot stand te brengen. Moeders hebben vaak schuldgevoelens vanwege de geringe hoeveelheid tijd en geld die ze aan mensen buiten hun gezin kunnen besteden. Maar houd uzelf voor dat u een oogst voorbereidt en verzorgt, die dan misschien geen financiële beloning brengt, maar uiteindelijk wel de wereld waarin we leven zal beïnvloeden. Maar weinig werkzaamheden bieden zicht op dergelijke blijvende resultaten.

Gebed:

Heer, geef me de kracht om van mijn gezin te houden en voor hen te zorgen, opdat zij op hun beurt van anderen kunnen houden en ze kunnen verzorgen.

Uitdaging:

Schrijf de namen op van degenen die bij u onder hetzelfde dak wonen. Denk aan hun specifieke behoeften. Stel uzelf redelijke doelen. U kunt de namen aan uw lijst toevoegen van degenen die regelmatig bij u thuis op bezoek komen of die u graag bij u thuis zou uitnodigen. Bewaar het lijstje in uw Bijbel. Ga regelmatig na hoeveel voortgang u hebt geboekt bij uw pogingen om de mensen op uw lijstje daadwerkelijk te helpen.

P.S. Vergeet niet uw eigen naam op het lijstje te zetten, ergens ná uw gezin en vóór uw vrienden. Ga ook regelmatig na of u vooruitgang hebt geboekt bij het vervullen van uw eigen behoeften.

8.

Het hart des mensen overdenkt zijn weg, maar de Here bestuurt zijn gang (Spreuken 16:9).

Houd uw doelstellingen realistisch. De talloze karweitjes die u moet doen en de voortdurende interrupties hebben uw tijd al opgesplitst in honderden kleine mozaïeksteentjes. Er is geen enkele reden om uw dag nog voller te maken door uzelf te dwingen elke dag ten minste één brief te schrijven, één hoofdstuk van een bepaald boek te lezen of wat dan ook elke dag weer te doen... Wanneer we dan onze doelstellingen niet hebben gehaald, voelen we ons 's avonds schuldig en gefrustreerd. Wij zijn boos op onze kinderen, onze man en de gehele wereld.

God geeft ons elke dag 24 uur. De logische conclusie is dat er in elke dag genoeg tijd is om de dingen te doen die God belangrijk vindt. Onze drang om iets te bereiken, kan onze bereidheid om zijn prioriteiten te aanvaarden en te vervullen in de weg staan. Christus' dienstwerk speelde zich in een betrekkelijk klein gebied af en persoonlijk bereikte Hij relatief weinig mensen. Toch nam Hij zijn rust, ook al wist Hij dat Hij er niet aan toe kwam om de menigten buiten Palestina te helpen. Hij wist dat Hij Zich hield aan de prioriteiten die zijn Vader had gesteld.

Gebed:

Geef mij alstublieft de kracht en de discipline om één ding tegelijk te doen, maar dat goed te doen!

Uitdaging:

Maak een lijstje van alle dingen waarvoor u *elke dag* graag een beetje tijd zou willen hebben. Rangschik ze in volgorde van belangrijkheid. Tijd voor meditatie staat bij voorbeeld boven aan mijn lijstje.

9.

Here, Gij doorgrondt en kent mij (Psalm 139:1).

Het lijkt wel of ik niet eens tijd meer heb om na te denken. Ik raak helemaal leeg. Mijn geest geeft geen vonken meer af. Hij wil ergens heenvliegen, maar waar naartoe? Waarom is mijn leven niet kleurrijker, interessanter, romantischer? Het huwelijk kan alles zo saai maken. En kinderen nog des te meer.

Ik heb net een prachtige, historische roman gelezen. Het frustreert me zo, dat ik in mijn leven niet deel in de opwinding, het avontuur en de romantiek van de hoofdfiguren van het boek.

Maar toen werd ik door een geweldig mooie gedachte getroffen: *Dag in dag uit schrijven mijn man en ik onze eigen levensroman. Ons verhaal eindigt niet met een daverende ontknoping. Integendeel, daarmee begint het! Met God en hard werken proberen we het sprookje van „zij leefden nog lang en gelukkig" werkelijkheid te maken. Wij ontmoeten veel echtparen die geen vervulling in hun gezinsleven vinden en het elders zoeken, in dingen die variëren van overdreven veel kerkelijke activiteiten tot videoverslaving...*

Ja, de Heer voert mij aan rustige wateren (Psalm 23:2). Als ik zijn troost zoek, geeft Hij mij die - zoals Hij op dit moment, nu ik deze woorden schrijf, ook doet.

Gebed:
Vanuit de grond van mijn hart pleit ik met U, Heer. Herstel mijn ziel. Geef mij rust.

Uitdaging:
Breng, als dat enigszins kan, uw kinderen vroeg naar bed en zorg dat u 's avonds vrij bent. Ga af en toe uit. Kom af en toe boven om lucht te happen.

10.

Dient elkander door de liefde (Galaten 5:13).

Liefde heeft, als we Christus' voorbeeld in ons leven willen volgen, weinig te doen met zelf-vervulling. Integendeel, de liefde van Christus heeft veel te maken met dienstbaarheid en de bereidheid offers te brengen. Vader zei vaak: „Het huwelijk is niet alleen een kwestie van rozegeur en maneschijn. Het is ook een kwestie van afwas, luiers en zelfs vuile sokken vol gaten."

Soms houden we alleen van onze partner zoals hij naar ons idee verdient. Op onze menselijke manier behandelen wij hem zoals hij verdient behandeld te worden. Maar God houdt niet alleen zoveel van ons als we verdienen. Moeder Teresa moedigt ons aan lief te hebben zoals Christus liefhad. Ze zegt dat we moeten liefhebben tot het pijn doet. Moeders, toon uw liefde zoals Christus deed! Heb lief, zelfs als dat voor uzelf geen geluk maar een offer betekent. Als we niet bewust ons eigen geluk nastreven, ontvangen we het overvloedig als beloning van anderen.

God is de bron van alle liefde, wijsheid en begrip. Hij houdt niet alleen van ons om wat we zijn, maar houdt nooit op ons lief te hebben om wat we kunnen worden.

Gebed:

Help ons meer te kunnen liefhebben, Heer, naarmate er meer van ons wordt verwacht.

Uitdaging:

Neem een blanco vel papier. Schrijf, met uw man in gedachten, bovenaan het vel: „Waarom mis ik je als je weg bent?" Bedenk ten minste drie antwoorden en schrijf die op. Plak het vel papier aan de binnenkant van de klerenkast van uw man, zo mogelijk met een foto van uzelf.

P.S. Doe de volgende keer dat uw man alleen op reis moet een verrassing in zijn koffer. Een persoonlijke boodschap van liefde kan zo veel betekenen in een kale hotelkamer.

11.

Niet gij zult hierbij hoeven te strijden; stelt u op, blijft staan, dan zult gij zien, dat de Here u de overwinning geeft (2 Kronieken 20:17).

We moeten ons richten op lange-termijndoelstellingen. Dat is in strijd met het verlangen van vandaag de dag dat al onze wensen onmiddellijk moeten worden ingewilligd. Als we onze lange-termijndoelstellingen de revue laten passeren, beseffen we dat deze vaak niet erg concreet zijn. Niemand kan ons garanderen dat onze kinderen voorbeeldig zullen opgroeien, hoeveel zorg en moeite we ook aan ze besteden.

Niets op aarde heeft meer waarde dan de kinderen die God aan ons, moeders, heeft toevertrouwd. Wij vormen mensen! Er is geen hogere roeping. Hoeveel vervulling betaald werk ook mag geven, geen baan is zo belangrijk als die van het moederschap. Wij verzorgen en vormen de komende generatie. Wij raken ons gevoel van eigenwaarde kwijt als de maatschappij ons ervan probeert te overtuigen dat we vervangbaar zijn. Men vertelt ons dat eigenlijk iedereen ons werk kan doen. Wij zijn daardoor bijna geneigd onze pogingen op te geven, omdat die, naar we vaak denken, toch niet worden gewaardeerd. De theorie dat onze echtgenoten ons in onze verantwoordelijkheid als moeder volledig kunnen vervangen, kan een dodelijk vergif zijn voor een huwelijksrelatie. Het is eenvoudigweg niet waar en het kan de toets van de tijd dan ook niet doorstaan.

Blijf op uw post. Blijf standvastig. We moeten aandurven om tegen de stroom in te zwemmen. De strijd is niet de onze, maar het is Gods strijd (2 Kronieken 20:15). Een Duitse dichter zei het zo: ,,Heb de moed zand te zijn in het raderwerk van deze wereld."

Gebed:

Heer, help ons niet bang of ontmoedigd te zijn als we opkomen voor onze overtuiging.

Uitdaging:

Als u geen goede vriendin bij u in de buurt hebt, bid er dan om. Hij zal u niet een steen in plaats van een vriendin geven (Matteüs 7:9). Je moet elkaar moed kunnen inspreken voor de taken die je als moeder hebt. Misschien kun je elkaar ook in praktisch opzicht helpen door te babysitten, samen de auto te gebruiken, te winkelen, enzovoort.

12.

Legt u toe op de gastvrijheid (Romeinen 12:13).

Naarmate steeds meer vrouwen de arbeidsmarkt betreden, blijven er steeds minder gezinnen over die als complete eenheden functioneren. Als men al thuis eet, doen de leden van het gezin dat meestal niet samen. En omdat er niemand is die veel aandacht aan het bereiden van de maaltijden geeft, is er wat dat betreft ook geen man overboord. Steeds meer mensen zoeken buitenshuis vervulling van hun emotionele behoeften. Als wij daarom ons eigen haardvuur brandende houden, kunnen we warmte schenken aan sommige mensen die hun haardvuur hebben laten uitgaan. Ik heb de dankbaarheid van deze „behoeftige” mensen ervaren en ik heb ontdekt dat het meer dan de moeite waard is. We kunnen ons huis tot een zendingsgebied maken.

Gebed:

Onze God en Maker, giet uw lieflijkheid in onze gebroken gezinnen en help ons ze te repareren.

Uitdaging:

Plan een dineetje op een tijdstip dat de kinderen al naar bed zijn. Zorg voor officiële uitnodigingen, naamkaartjes, kaarsen, bloemen, drie of meer (smakelijk uitziende, maar eenvoudige) gangen en wat u verder leuk vindt, zoals muziek enz. Het aantal gasten kunt u zelf bepalen. Als u nog nooit zoiets hebt gedaan, is het verstandig om met twee gasten te beginnen. Wat sfeer betreft kan uw huis met al zijn persoonlijke elementen vast en zeker met elk restaurant wedijveren. Maak u niet te veel zorgen over het voedsel. Bij interessant gezelschap en een goed gesprek merken de mensen vaak nauwelijks wat ze eten. U zult er versteld van staan hoeveel een dergelijk etentje voor uw gevoel van eigenwaarde kan doen.

13.

Dan zult gij met vreugde water scheppen uit de bronnen des heils (Jesaja 12:3).

Assepoester is één van mijn favoriete sprookjesfiguren. Zij heeft zo'n zacht en lief karakter. Hoeveel ellende ze ook ondergaat en hoeveel zwaar werk ze ook moet doen, ze blijft opgewekt. Ze weet niet dat haar moeilijkheden spoedig voorbij zullen zijn en evenmin dat een liefdevolle sprookjes-grootmoeder haar in het oog houdt. Dan, op een goede dag, veranderen haar gescheurde kleren plotseling in rijkdom. Het verhaal zou heel anders zijn afgelopen als ze op haar lot had gescholden en in opstand was gekomen.

Ziet u parallellen? Wij vinden het een mooi verhaal. We bewonderen Assepoester om de manier waarop zij haar droeve lot draagt. Maar toch zijn er velen onder ons die weigeren iets van haar te leren. Wij weten zelfs dat een liefdevolle God over ons waakt, wat meer is dan Assepoester wist. Maar we geloven vaak niet, omdat we het niet kunnen zien.

,,Dan zult gij met vreugde water scheppen uit de bronnen des heils." Dat is slechts één van de beloften van onze hemelse Prins. En Hij heeft nog veel meer beloofd. Hij heeft ons zelfs gezegd, dat Hij, overal waar wij gaan, met ons meegaat. Hij zegt dat we nooit bang behoeven te zijn! Dat is een heel wat grotere troost dan Assepoester had. Wij kunnen opgewekt haar voorbeeld volgen, omdat wij weten welke goede afloop ons deel zal worden!

Gebed:
Dank U voor onze aardse prinsen.

Uitdaging:
Begin een dagboek, waarin u alle projecten, ideeën, veranderingen, enz. opschrijft. Schrijf zelfs de gekste dingen op. Houd uw blocnote bij de hand en schrijf uw gedachten op als u leest, werkt of naar een toespraak luistert. Neem uw blocnote mee als u op reis gaat of familie bezoekt. De diepste gedachten komen vaak op als je afstand neemt van de dagelijkse sleur. Winston Churchill zei dikwijls: ,,Een verandering is even goed als een rustperiode."

Pak je blocnote met ideeën als je voelt dat je droog begint te lopen.

14.

En weest dankbaar (Kolossenzen 3:15).

Als moeders ontdekken we niet alleen nieuwe dimensies van liefde, maar ook nieuwe dimensies van dankbaarheid. Wat zijn we bevoorrecht! Soms heb ik het gevoel dat God ons, moeders, een stoomcursus geeft in zijn school voor leven en heiliging.

U zult nooit meer op dezelfde wijze met uw tijd omgaan als vóór uw bevalling. Ik beschouw stille momenten voor meditatie overdag als zo kostbaar, dat ik geleerd heb mijn knieën in eerbied te buigen als die ogenblikken aanbreken en God te danken voor zijn kostbare gave van de tijd.

Een van onze andere problemen is dat we ons vaak niet gewaardeerd voelen en het idee hebben dat we door anderen als vanzelfsprekend worden beschouwd. Maar hier is een lijstje van „luxe dingen" die ik, voordat ons huis door kinderen werd bevolkt, als normaal beschouwde: de luxe van een lekker lang bad. De luxe om rommel op te ruimen en te weten dat het daarna ook netjes zou blijven. De luxe om tijd aan mijn haar en mijn uiterlijk te besteden zonder dat ik het gevoel had dat ik mijn kostbare tijd verknoeide. De luxe van bijbelstudie en gebed zonder interrupties. De luxe van wakker worden en opstaan wanneer je dat wilde. De luxe van te winkelen zonder dat je kleine mensjes in de gaten moest houden en zonder de druk van de klok. De luxe om overal dingen te laten liggen zonder dat je bang hoefde te zijn dat kleine handjes ze zullen verstoppen, breken, verscheuren of opeten. De luxe van dromen, ideeën, gedachten die op hol slaan, zonder dat iemand ze verstoorde.

Gebed:

Dank U, Heer, dat U mij hebt geleerd dankbaar te zijn voor alles wat U mij geeft en niets als vanzelfsprekend te beschouwen.

Uitdaging:

Maak een lijstje van ten minste drie dingen waarvoor u dankbaar bent. Maak het met plakband aan de koelkast vast. Zing het, zodra u daartoe maar de kans hebt, hardop, zodat het gehele gezin het kan horen.

15.

Hij trok mij … uit het slijk van de modderpoel (Psalm 40:2).

Hoe vaak vergeet ik dat Hij mij eruit kan halen. Het lijkt wel of ik in mijn put, in mijn depressie, wil blijven… en dat ik zou willen zeggen: ,,Nee, Heer, haal mij er niet uit. Ik wil niet dat U het zelfs maar probeert. Misschien wilt U me wel laten zingen [zie Psalm 40:3] en dat kan ik niet opbrengen. Ik ben veel te moe. De baby is ziek. Ik heb teveel gegeten. Ik kan elk ogenblik ongesteld worden. Niemand houdt van mij en niemand begrijpt me. Niets gaat zoals ik het wil. Ik doe steeds opnieuw dezelfde dingen. Mijn haar is ongewassen en ongekamd. Ik heb me nog niet eens behoorlijk aangekleed. Nee, Heer, U wilt me er niet uittrekken. U wilt me op dit moment niet eens bekijken."

We moeten niet God en de rest van de wereld (met inbegrip van onze echtgenoten) op een afstand houden, omdat we ons gedeprimeerd voelen en medelijden met onszelf hebben. Gedeprimeerd zijn is vaak het gevolg van ongehoorzaamheid in kleine dingen, zoals maar raak eten en onregelmatig slapen. In ons hart voelen we dat we geen plezierig gezelschap zijn voor onze Maker, ons gezin of onze vrienden. Maar toch koesteren we ons vol zelfrechtvaardiging in onze put van defensief zelfmedelijden. In plaats van onszelf bij de haren te grijpen en onszelf voor de spiegel met de ogen van anderen te bekijken, vinden we allerlei ,,geldige verontschuldigingen" om ons in onszelf op te sluiten, en geven we er de voorkeur aan in een miserabel vacuüm te leven. David, de Psalmist, wist waar ik het over heb. Hij bevond zich vaak in dezelfde situatie en sprak er dikwijls openlijk over. Zijn smeekbede was: ,,Wend U tot mij en wees mij genadig, want eenzaam ben ik en ellendig" (Psalm 25:16). Is dat niet vaak het geval met jonge moeders? Isolement leidt tot depressie…

De eerste „gemakkelijke" stap om uit een depressie te komen is je op iets anders, buiten jezelf, te richten. Bedenk dat er anderen zijn die nog dieper in de put zitten. Hen kunt u misschien beter helpen dan wie ook, omdat u precies weet hoe zij zich voelen. Neem afstand van uzelf. Laat u door God uit de put omhoogtrekken!

Gebed:

Heer, maak uw troostende en verheffende kracht bekend aan wie gedeprimeerd zijn. „U hoeft niet zo heel erg hard te roepen: Hij is dichterbij dan we denken" (Broeder Lawrence).

Uitdaging:

Analyseer wat u gedeprimeerd maakt. Schrijf het op. Schrijf naast elke oorzaak van depressie een oplossing. Sommige oplossingen komen sneller dan u soms denkt. Bij voorbeeld: *Vermoeidheid - Rust.* Het moeilijkste is om de oplossingen in de praktijk te brengen.

Ten slotte.

Stel uw lichamen tot een levend, heilig en Gode welgevallig offer (Romeinen 12:1).

Als moeders van kleine kinderen moeten we leren het allergrootste offer te brengen. We moeten leren onze tijd en ons leven aan anderen te geven. Maar we kunnen dat niet doen in één wijds, verpletterend gebaar. Hoeveel gemakkelijker zou dat zijn! Wat we kunnen geven, onze tijd en ons leven, moeten we afstaan in duizenden kleine stukjes, zodat anderen voortdurend van onze zorg verzekerd zijn.

Zouden we kunnen leren hoe we deze versplinterde deeltjes van onze tijd kunnen verzamelen en aanvaarden en ze tot één prachtig mozaïek maken? Met Gods hulp is dat misschien mogelijk.

Gebed:

Heer, help mij alstublieft mijn ,,versplinterde" leven weer aan elkaar te puzzelen. Help me er vreugde in te vinden de duizenden stukjes te verzamelen en aan elkaar te passen. Inspireer me en laat me zien hoe dat grote mozaïek er eens uit zal zien.

Uitdaging:

Ga zitten en neem de tijd om een uur lang te lezen. Tel de keren dat u wordt gestoord. Probeer elke interruptie te veranderen in een fijne, creatieve gedachte. Bij voorbeeld: de baby moet worden verschoond. Bedenk dat u uw kind niet alleen rein wilt zien van lichaam, maar ook van hart en geest. En vergeet niet dat uw uiterlijk vaak een weerspiegeling is van uw innerlijke toestand. Stel u voor dat elke stoornis deel uitmaakt van iets groters en grootsers.

Een uitdaging uit ALIVE (levend) **door S. Rickly Christian:**

Probeer eens een psalm te dichten, naar het voorbeeld van de bijbelse psalmen. [Gebruik desgewenst onderstaand model.] Beschouw het als even persoonlijk als uw dagboek. Typ de woorden, als u klaar bent, op een kaartje van 5 x 8 cm en plak dat als Psalm 151 in uw Bijbel.

O Heer, U kent mij van binnen en van buiten - als ik mij ______________ voel of aan ______________ denk. Maar zelfs dan weet ik dat U mij begrijpt. U kent mijn toekomst.

U weet dat ik mij zorgen maak over ______________ en dat ik problemen heb met ______________. Maar ik weet dat ik op uw leiding kan rekenen.

Ik dank U, Heer, ook al ______________ en zelfs al ______________, omdat ik weet dat, wat er ook gebeurt, U aan het roer staat. U bent de krachtbron van mijn leven.

Ik zal niet bang zijn voor ______________ of mijzelf met ______________ bezighouden. Want U houdt mij vast, U beschermt en troost mij, alle dagen van mijn leven.

Wij prijzen U, wij loven U, wij verheerlijken uw naam, omdat U ons de gave van het leven hebt geschonken.

Noten

Woord vooraf

1. Ingrid Trobisch, *On Our Way Rejoicing* (Wheaton Ill.: Tyndale House, 1986).
2. Ingrid Trobisch, *Met vreugde vrouw zijn* (Ned. vertaling van *The Joy of Being a Woman ... and What a Man Can Do*; Kampen: Kok Voorhoeve, 9e druk, 1989).
3. Ingrid Trobisch, *Je moet alleen verder* (Ned. vertaling van *Learning to Walk Alone*; Kampen: J.H. Kok, 2e druk, 1987).

Hoofdstuk 1

1. Joyce Kilmer, „Trees", *The Best Loved Poems of the American People* (Garden City, NY: Doubleday & Co., 1936), blz. 561.

Hoofdstuk 2

1. Walter Trobisch, *De man, een onbegrepen wezen* (Ned. vertaling van *All That a Man Can Be*; Kampen: J.H. Kok, 3e druk, 1988).
2. Leanne Payne, *Crisis in Masculinity* (Westchester, Il.: Crossway Books, 1985), blz. 141.
3. *Ibid.*, blz. 13.

Hoofdstuk 3

1. Ann Spangler, red., *Bright Legacy* (Ann Arbor, Mich.: Servant Books, 1983).
2. Geciteerd in *My Journal Homeward,* door Walter Trobisch (Ann Arbor, Mich.: Servant Books, 1986), blz. 19-21.

Hoofdstuk 4

1. Dave Veerman, „Did I Marry the Wrong Person?" *Practical Christianity* (Wheaton, Ill.: Tyndale House, 1987).

Hoofdstuk 5

1. Nanci en Randy Alcorn, *Women Under Stress* (Portland, Or.: Multnomah Press, 1986), blz. 90.
2. Walter Trobisch, *Leen mij je ogen* (Ned. vertaling van *Martin Luther's Quiet Time*; Kampen: J.H. Kok, 8e druk, 1988).
3. Alcorn, *Women*, blz. 25.

4. *Ibid*, blz. 9.
5. *Ibid*, blz. 38-39.
6. Geciteerd in ,,Our Forgotten Day of Rest," *Today's Christian Woman (juli/augustus 1987)*, blz. 31-33.
7. Karen Mains, ,,Our Forgotten Day of Rest," blz. 32.

Hoofdstuk 6

1. Robert Johnson, *We: Understanding the Psychology of Romantic Love* (San Francisco: Harper & Row, 1983).
2. Walter Trobisch, *I Married You* (San Francisco: Harper & Row, 1975), blz. 75-77.
3. Zie Ingrid Trobisch, *Met vreugde vrouw zijn* (Ned. vertaling van *The Joy of Being a Woman ... and What a Man Can Do*; Kampen: Kok Voorhoeve, 9e druk, 1989), hoofdstuk 2. blz. 48-80.
4. *Ibid*.
5. Mike Mason, *The Mystery of Marriage* (Portland, Or.: Multnomah Press, 1985), blz. 45.

Hoofdstuk 7

1. Zie Ingrid Trobisch, *Met vreugde vrouw zijn* (Ned. Vertaling van *The Joy of Being a Woman;* Kampen: Kok Voorhoeve, 9e druk, 1989); hoofdstuk 3, blz. 81-95.

Hoofdstuk 8

1. Sharon Donohue, Interview met Becky Pippert, *Partnership* (juli/augustus 1987), blz. 15-21.

Hoofdstuk 9

1. Walter Trobisch, *Liefde moet je leren* (Ned. vertaling van: *Love is a Feeling to Be Learned;* Kampen: J.H. Kok, 7e druk, 1988).
2. Marion Hilliard, *A Woman Doctor Looks at Love and Life* (New York: Doubleday & Co, 1957).
3. Robin Norwood, *Women Who Love Too Much* (New York: St. Martin's Press, 1985).
4. Jean Vanier, *Man and Woman He Made* (Mahwah, NJ.: Paulist Press, 1985), blz. 112.
5. Walter Trobisch, *Ik ben met jou getrouwd* (Ned. vertaling van *I Married You*; Kampen: Kok Voorhoeve, 14e druk, 1989).
6. Daphne du Maurier, *The Rebecca Notebook* (Garden City, NY: Doubleday & Co, 1978), blz. 276.

7. Lynn Caine, *Lifelines*, (Garden City. NY: Doubleday & Co, 1978).
8. *Ibid.*
9. Ingrid Trobisch, *Je moet alleen verder* (Ned. vertaling van *Learning to Walk Alone;* Kampen: J.H. Kok, 2e druk 1987).

Hoofdstuk 10

1. John White, *Parents in Pain* (Downers Grove, Ill.: InterVarsity Press, 1979).
2. *Ibid.*, blz. 56-58.
3. Ross Campbell, *How to Really Love Your Teenager* (Wheaton, Ill.: Victor Books, 1981).
4. Walter Trobisch, *Ik had een meisje lief* (Ned. vertaling van *I Loved a Girl*; Kampen: Kok Voorhoeve, 24e druk, 1989).
5. Joseph Bayly, *Psalms of My Life* (Wheaton, Ill.: Tyndale House, 1969), blz. 12. Overgenomen met toestemming.
6. John Yates II, *For the Life of the Family* (Wilton, CT: Morehouse-Barlow, 1986), blz. 4-9.
7. White, *Parents*, blz. 167-169.
8. Anne Morrow Lindbergh, „Even", *The Unicorn and Other Poems* (New York: Random House, Pantheon Books, 1972), blz. 14.
9. Elizabeth O'Connor, *Cry Pain, Cry Hope* (Waco, Tex.: World Books, 1987), blz. 50.

Hoofdstuk 11

1. Ingrid Trobisch, *Je moet alleen verder* (vertaling van *Learning to Walk Alone*; Kampen: J.H. Kok, 2e druk 1987).
2. Walter Trobisch, *De man, een onbegrepen wezen* (Ned. vertaling van *All That a Man Can Be*; Kampen: J.H. Kok, 3e druk, 1988).
3. R. Affemann, *Sexuality and Sex Education in the Modern World* (Gerd Mohn Verlag, 1979); uit het Duits vertaald.
4. Trobisch, *De man, een onbegrepen wezen*.

Hoofdstuk 12

1. Henri Nouwen, *Lifesigns* (Garden City, NY: Doubleday & Co, 1987), blz. 27.
2. Geciteerd door Kathleen R. Fisher, *Winter Grace* (Mahwah, NJ: Paulist Press, 1985), blz. 24.